Praying Like Monks, Living

An Invitation to the Wonder and Mystery of Prayer

禱告若愚

祈求、尋找、叩門，規律而單純的與神同行

Tyler Staton
泰勒・史塔頓 著
蔡怡佳 譯

致我所有的中文讀者：

與我一同勞苦的牧師們、忠心的門徒們、尋求真理的探求者們，
以及（思想深邃的）兄弟姐妹們：
我希望你們在這些頁面中發現的不僅是關於祈禱的一般話語，
更是一次個人的邀請。
願永生神的聖靈與你在這本書中所花的時間同行，
引領你更深刻地進入與祂的親密交流。
祈願你闔上書本、踏入那場永恆的對話時，
真正的冒險就此展開。

願恩典與平安常與你同在。

Tyler Staton

泰勒·史塔頓

目　錄

推薦序

像孩子般，以祈禱與主同在

天主教台北總教區

洪慕雅神父

我們在日常生活中，多少都會因為人事物的順遂或逆境而感受到不同且豐富的情緒感受。順遂時心情是喜悅的，所以，在人際交流、工作、獨處時，將會充滿喜悅、活力與勤奮；也有可能因為逆境，進而導致在這些方面感到不適、枯燥且無力，甚至可能還有諸多消極負面的情緒。無論是正向的情緒感受、還是負面的，我們都會有極普遍的客觀經驗與事實，那就是會渴望找到一個屬於你自己可以獨處且能夠靜下心來「祈禱」的「地方」。其他宗教團體會以「冥想」或是「沉澱心靈」作說明；在此，則以基督信仰的祈禱經驗與大家分享。

作者泰勒．史塔頓（Tyler Staton）牧師，以他的親身經歷，透過淺顯易懂的文筆與自己和朋友們的實際祈禱經驗，撰寫了這部人人皆能明白且能逐步上手的祈禱經驗與方式來協助大家。牧師他並不只引導人人都需要祈禱，且從天主經／主禱文中，主耶穌的祈禱經驗及傳授給門徒們該以此祈禱文作為祈禱，幫助我們有效地深入與天父的關係。牧師也提及了可以學習先賢們的祈禱精神與經驗，並耐心說明，打破我們對於「需要祈禱」是在計畫或事情順遂時，才需要繼續的錯誤認知。我們需要明白，可能也會有遇到沒有成就的時候，我們該如何面對天主／上帝的不作為，更好說是天主允許了一些不符合我們所期待的事實發生，祂是不管不顧了嗎？還是，天主已知悉，卻沉默了？為何會發生這樣的現象，我該怎麼去面對？

面對上述這些祈禱時會遇到的現象，首先需要了解我與天主間的關係是什麼？同時檢視現在的信仰生活狀態如何？再來便是需要找到一個「屬於自己」，能與天主同在的「獨特場域」，開始與祂交心。

在那裏，不必假裝戴面具、不用在乎其他人的眼光與評論、不用去思索過多複雜且需要修飾的優美祈禱詞、可以不用擔心在那裏需要戰戰兢兢；想當然爾，各位曉得，我指的不是說可以對神不尊敬，而是說在祂面前，可以做你「真正的自己」！為此，我們真正需要注意的且要實踐的是：我要到天主面前，把所有需要祈禱的意向：自己或他人的身心靈健全平安、婚姻家庭、工作環境、學業與人際交流、失序能恢復屬於主的秩序……等等眾多祈禱意向交託給天主，並要清楚知道，天主祂十分樂意且渴望與我們在一起。

主耶穌曾對門徒說過：「你們讓小孩子來罷！不要阻止他們到我跟前來，因為天國正是屬於這樣的人。」（瑪／太 19：14）讓我們全部身心靈，像小孩子般在主內自在地與祂交心往來吧。

推薦人小檔案

洪慕雅神父

天主教會台北總教區

2011 年進入天主教台灣總修院

2020 晉陞執事

2022 晉鐸

2025 擔任台北總教區延吉街聖母顯靈聖牌堂主任司鐸

推薦序

用心禱告
與神建立親密關係

台灣基督長老教會松山教會
徐光宇長老

幾近復活節前收到這本新書書稿，出版社邀請我推薦，立即安靜禱告，求上主讓我可以快速讀完，得到一些學習，除了更加跟隨主耶穌保持每天親密的關係，也可以鼓勵更多人喜愛這本新書，結果很快地從書中發現，主耶穌的每日禱告、生活、態度、紀律與節奏，如同風行水上自然成紋的神聖天成。

「耶和華說：那些日子以後，我與以色列家所立的約、乃是這樣：我要將我的律法放在他們裡面，寫在他們心上。我要作他們的神，他們要作我的子民。」（耶利米書31:33）

從大量的歷史證據顯示，耶穌是依照聖殿的節律來禱告，一天三次，與在《但以理書》和《詩篇》中看到的早、中、晚節律相同。向神祈禱要依照有規律的禱告節奏來集中你的生命，因為忠誠是愛所生長的土壤。耶穌教導我們禱告像僧侶一樣，就是選擇忠貞的方式，以至於其他的事情都變成了無聊的部分。事實上，所有偉大的靈修傳統都堅持某種形式的每日禱告節奏。耶穌在以色列神聖的韻律中禱告，祂親身體會到這些韻律對祂的影響，耶穌的禱告就像一個狂野不羈的僧侶。

這本書將幫助你學習像耶穌禱告，成為新造的人。你可以表達對禱告的疑問與失望，可以練習各種禱告的姿態，包括靜默、堅持、認罪等等，打開或重新開啟與造物主的對話，最後在日常生活中認識並擁抱禱告的奇妙與奧祕，再次體驗祂神聖的力量。

「耶和華如此說：你們當站在路上察看，訪問古道，哪是善道，便行在其間；這樣，你們心裡必得安息。他們卻說：我們不行在其間。」（耶利米書6:16）

身為現代人很幸福，可以隨時閱讀聖經認識神，向祂禱告建立關係親密。在 2025 年受難週與復活節前，我有機會安靜閱讀和分享這一本好書，內心感到無比喜悅。

推薦人小檔案

徐光宇，現任台灣基督長老教會松山教會長老。曾任統一超商公司總經理室專案協理，督導管理群、統一超商公司董事會永續發展ESG委員會主任委員、統一星巴克公司總經理暨上海統一星巴克總經理。

推薦序

祈禱，一個
你對天主信賴的轉捩點

古亭耶穌聖心堂
裴育聖神父

對門徒們來說，當他們跟隨耶穌時最吸引的事，就是耶穌常常並早起去祈禱。《聖經》描述耶穌的祈禱不只是幾分鐘而已，祂花很多時間，並離開熟悉和喧鬧的地方，找尋安靜之處，靜下來祈禱。耶穌準備揀選門徒時：「耶穌出去，上山祈禱；他徹夜向天主祈禱。」（路六12）。耶穌準備進入接受苦難時，十分懇切地俯首至地祈禱和祈求：「我父！若是可能，就讓這杯離開我罷！但不要照我，而要照你所願意的。」（瑪二十六39）祈禱是耶穌基督與天父最親密的時刻。經過祈禱，祂知道天父的旨意是什麼：「我的食物就是承行派遣我者的旨意，完成他的工程。」（若四34）主耶穌留下來給我們最好的祈禱模範。

對現在的我們來說，祈禱是基督徒的正能量，因為祈禱讓我不會感受到孤獨和忐忑不安的時刻。我很喜歡作者以基督徒的祈禱來談論人的心靈所感受到的種種心情。作者提到，凡事要祈禱，這是最好的靈修生活，因為在祈禱中，我們與天主建立美好的關係。於此同時，在祈禱中我們的心會靜下來，在深處的內在中與天主交談，並賜予我們足夠的智慧來分辨，如何在目前的情況下認出並執行天主的旨意。這份功課真的不容易，因為它要求我們全心全靈全意信賴天父在暗中與我們接觸。

我熱情地鼓舞所有的基督徒看這本《禱告若愚》，因為它的內容談到我們內心在祈禱中體驗到那很豐富的感受，包含內在的喜樂、安慰、鼓勵、掙扎、失望、氣餒，甚至生氣與失去自己的信仰等。在這種情況中作者鼓勵我們，這是我們人生對天父信賴的轉折點；以及在祈禱中我們會發現和賺到真正的寶藏是什麼：就是天主、天主真住在我的生命中，有主就滿足了。

推薦人小檔案

裴育聖神父，耶穌會士，越南人。學歷：神學碩士。目前使命：古亭耶穌聖心堂的主任司鐸。

推薦序

一個回歸靈命起點的邀請

世界華福中心總幹事
董家驊牧師

當代教會最需要的，也許不是更多資源、更多活動，而是更多的安靜、默想與禱告。

Mark Noll 在《福音派的思想醜聞》中指出，當代福音派的問題不是缺乏行動力，而是缺乏思想與靈性深度。福音派過去兩百年積極和務實的精神特質，雖然塑造了強大的動員力和影響力，卻也讓我們在信仰實踐上過度倚靠行動與效率，而輕忽了內在生命的深耕與聖靈的引導。

這樣的現象在華人教會中尤為明顯。我們既承襲了美國福音派的行動導向，又帶著華人文化中「務實」與「吃苦耐勞」的價值觀，使教會領袖往往忙到幾乎沒有空間可以停下來聆聽上帝。我們習慣用事工的果效來衡量自己的價值，甚至潛意識裡面以忙碌為榮。正如 Dallas Willard 所說的，忙碌也許是現代靈命最大的威脅。

因此，我特別感恩也深感欣慰，看到《*Praying Like Monks, Living Like Fools*》這本書的中文翻譯問世。這不只是一本談論禱告的書，更是一封呼喚我們回歸靈命起點的邀請信。在資訊爆炸與節奏過快的時代中，這本書帶我們重新認識禱告，不只是技巧的操練，更是與上帝相遇的實踐。作者誠實地描繪我們在禱告中常見的困惑與掙扎，也溫柔地指引我們跨越那些障礙，進入與上帝親密的禱告生活。

作者提醒我們：禱告，不只是我們對上帝說話，更是我們讓上帝積極、務實對我們說話，帶著單純信靠、超越效能邏輯的信仰態度，在這個講求效率與控制的時代中，活出與上帝國度價值對齊的生命。

願這本書能成為你跟隨基督旅程上的一位同行者，幫助你在忙碌中重新找回上帝同在中的安靜，在迷惘中再次聽見上帝的聲音。你不是在孤軍奮戰，而是與歷世歷代的基督跟隨者一同學習「與上帝同行」的禱告之路。

推薦人小檔案

董家驊牧師，生於台灣，大學畢業後赴美讀神學，在 Fuller 神學院取得道學碩士（2008）和神學博士（2015）。自 2006 年起在美國服事華人留學生、年輕新移民、和華人教會的第二代（ABC），2018 年舉家搬回台灣牧養教會，並於 2021 年八月卸下牧養堂會的服事，接任世界華福中心總幹事，主持《使命門徒》Podcast ，訪談來自不同地區和領域的基督徒，並著有《21 世紀門徒現場》和《21 世紀使命門徒》等著作。生活在消費主義當道的現代社會，不時需要自覺地抗拒這種生活方式和文化，學習在耶穌門徒的群體中忠心跟隨耶穌。自我定位是一座橋梁，期許把教會實踐與神學反省，專業神學與門徒生命，教會的使命與基督徒的日常生活，信仰實踐與公共空間連結起來。

國外讚譽

「禱告是尋求自我以外的幫助。」在我們這個時代，還有比這更重要的宣稱嗎？在我們當前的文化中，還有什麼行動比禱告對靈性生活更不可或缺？這是一本為我們這個絕望的時代所寫的書。我的朋友泰勒．史塔頓是一位世界級的領袖、有天分的牧師、非凡的作家，最重要的是，他是一位禱告者。透過閱讀這本書，你將會向一位大師學習。

約翰．馬克．寇默（JOHN MARK COMER）

「修行道」（Practicing the Way）創辦人，

《跟耶穌學安靜》（*The Ruthless Elimination of Hurry*）作者

從來沒有一本書讓我如此想要禱告。在《禱告若愚》一書，泰勒．史塔頓開啟了我們的眼睛和心靈，讓我們看到禱告在每個信徒和懷疑者生命中的美麗、神祕和價值。

克莉絲汀．凱恩（CHRISTINE CAINE）

A21 和 Propel Women 的創辦人

認識泰勒．史塔頓就等於認識了一個為了活出耶穌的樣子而努力的人。當然，要活得像耶穌，不去做他花了許多時間去做的事，是無法想像的，那就是禱告。泰勒將自己獻給了這個賜予生命的實踐，並為我們提供了基督信徒生命中禱告的強烈異象。透過這本書，我的心被激勵要與神更多地交談。

布萊恩．洛瑞茨博士（DR. BRYAN LORITTS）

《拯救被救者》（*Saving the Saved*）作者

泰勒·史塔頓是當今美國最具啟發、最有天分的禱告領袖之一，他這本精彩的新書是從他個人生命的最深處所流出，有時感覺就像聖地一樣。我特別欣賞每章末尾的實用練習，以及結尾部分為失喪者禱告的這門失落的藝術。泰勒提供了完整的禱告選單——從深入的沉思練習到關於代求禱告的力量和必要性的教導。這裡有適合每個人的內容。對於想要在與神的對話關係中成長的信仰新手來說，這本書是一條銜接的匝道。對於想要得到延展和啟發的基督徒來說，這本書也是一堂大師級的課程。這是一個重要的邀請，讓我們進入地球上每個人的最高呼召，它直接來自一位當代的禱告勇士、一位受人所尊敬的牧師和一位親愛的朋友的心聲。

皮特·格雷格（PETE GREIG）

24-7 國際禱告（24-7 Prayer International）創辦人，

以馬忤斯路教會（Emmaus Road Church）主任牧師

給克絲汀。

我的心屬於你，一直到永遠。

原文序

伴你在禱告路上前行

初識泰勒．史塔頓時，我自己正從多年的靈性和情感荒漠中走出來。我的職業是專業聖經研究者，所以我從未失去對聖經的熱愛和迷戀，無論是對其文學光輝或其生動的神學主題織錦。拿撒勒人（納匝肋人）[1]耶穌對我來說，仍像以前一樣引人入勝、美麗動人。但由於許多因素，我仍在釐清所有這些東西；甚至耶穌本身，對我來說更像一套想法，而不是一個在我日常活動中、與之相關的活生生的人。我發現自己在理智上被耶穌的故事所吸引，甚至個人也被感動了。但是，我卻失去了與耶穌所稱的「父」，也就是耶穌本人的個人連繫或親密關係的生活方式。

我需要的不只是一套新的「技巧」，來重振我的禱告生命。我真的也不知道我需要什麼。我只知道耶穌就像是一件藝術品，而神的同在只是*一種想法*，卻不是*一種經驗*。我不知道該怎麼辦，只希望有一天會有所改變。

在神的憐憫下，有些事情確實改變了。我不知道為什麼，也不知道到底是怎麼發生的。我開始養成一個習慣，每天的一開始就靜默一段時間，祈求神以我能聽到和了解的方式，對我說話或與我互動。我只需要知道*有一個人*在對話的另一端。老實說，

1. 編按：本書聖經章節及專有名詞以基督教繁體和合本聖經為主，少部分譯者酌以文意、搭配上下文，略有微調；專有名詞內文首次出現時，對照天主教思高繁體聖經翻譯。

我這樣做了很長一段時間，一點感覺都沒有。然後，在一連串的事件中，我的家庭生活發生了一些令人非常驚訝的事情；如果我可以暫時放下懷疑和理智的戒心。我真的覺得有人不僅聽到我的禱告，還在回應我的禱告。我經歷到神在我生命中的同在，感覺真實、充滿活力，而且出乎意料。這真的令人感到奇妙。

認識泰勒才幾個月，我就發現我們很容易建立友誼的原因。我們都有牧師的呼召，我們都非常熱愛經文，而且我們都在撫養小男孩；但這些都不是我們早期友誼的基礎。我在泰勒身上發現，他不只是了解我對神同在的新體驗；他從小就有這種與神同在的經驗。我越來越清楚，禱告只是描述人類與神共同生活在動態交流中的奧祕與奇妙的一種方式。我在泰勒身上找到了一位朋友，我可以和他一起處理、質疑，以及慶祝這個神在我生命中存在的重新發現。

泰勒和我分享了一些他從別人身上學到的習慣，這些習慣讓我們的思想、心靈和身體，對神靈的同在和力量保持開放。原來這些習慣相當古老，而且非常直覺。雖然我知道其中大部分的習慣，但我從未真正嘗試過，至少沒有以持續的方式嘗試過。有一天，泰勒告訴我，他要把所有這些經驗、學習和禱告實踐，結集成書。他邀請我對早期的版本提供回饋意見，當我這樣做時，就好像再次重溫所有這些對話。

在這本書中，泰勒提供了一系列關於禱告核心實踐的默想，這些默想與深刻的經文智慧交織在一起；但這並不是一本充滿關於禱告想法的書，每一章都以泰勒生活中經歷的故事為框架。為了避免你只是被新的事實或故事所吸引，他在每一章的結尾都邀請你做一些回應，嘗試一些新的習慣。這些習慣可以在你的生命中創造空間，讓你體驗神的同在。但你要知道，因為與神的交流是一種真正的關係，所以它不是可預測或公式化的。因此，你對這本書的體驗可能與我不同，而你自己（重新）發現神的同在也需要以其他方式來進行。但我深信泰勒的故事、他對經文的反思，以及他在與神相交的旅程中的發現，都會讓你獲益良多。

我希望你能以湯瑪斯・基頓（Thomas Keating）所描述的方式來經歷禱告和神的同在：

> 這個臨在是如此巨大，卻又如此謙卑；令人敬畏，卻又如此溫柔；無窮無盡，卻又如此親密、溫柔和個人。我知道我是被認識的。我生命中的一切在這位臨在中都是透明的。它知道我的一切——我所有的弱點、破碎、罪惡——但仍然無限地愛我。這個臨在是醫治、強化、清新的——只因它的臨在……。它就像是回到家，回到一個我不該離開的地方，回到一個不知何故一直在那裡，但我卻沒有察覺到的意識裡。[2]

認識這種徘徊在我們生命每一刻的愛的臨在，是一種獨特的經驗。事實上，這根本不是「經驗」；它是一種存在的方式，每時每刻都活在神的臨在中。我還遠遠沒有到整天都能主動覺察到神的臨在，並讓它改變我所有的想法和行為；但我正在這條旅程上前行，泰勒也是。而我們希望這本書可以陪伴你在這條路上，助你一臂之力。

提姆・麥基（Tim Mackie），聖經計畫（BibleProject）共同創辦人，
波特蘭，俄勒岡

---

2. *Thomas Keating, Open Mind, Open Heart: The Contemplative Dimension of the Gospel* (New York: Continuum, 1992), 137, italics in original.

作者附注

書中的人名均已更改。雖然所有的故事都是真實的，但為了保護個人隱私，我還是更改了人們的姓名和其他身分識別細節。

故事是珍貴的禮物，它將靈性從理論推向日常世界的塵世與真實。能被託付給這些許多人仍未展開的故事，是最偉大、最神聖的牧職特權。

對於那些曾與我一起跳舞、哭泣、掙扎、低語、尖叫、大笑，以及在禱告中聆聽的人，你們的故事才是這本書真正的禮物。我深深地感謝你們每一位，希望我在接下來篇幅的書寫中，能讓你們感到榮幸。

前言

從思考到發現的起點

這座不夜城今晚出奇地安靜。警笛聲、汽車喇叭聲、路人製造的街道噪音、擁擠的餐廳和喧鬧的酒吧，這些在熟悉生活中，嗡嗡作響了十二年的聲音，今晚都消失了。在紐約市，你能聽到一根針掉落在地上的聲音。

我在布魯克林溫馨小公寓的餐桌前寫信給您。2020 年，COVID-19 的大流行帶來了前所未有的痛苦，人們的「正常生活」受到驚人的干擾，安全感和控制感也嚴重喪失。失控以各式各樣的方式來襲，可能是一場車禍、一通電話、一個無法擺脫的財務困境、一段無法修復的關係，或全球的流行病。無論失控如何開始，它都通向同一個地方：向自己以外的地方尋求支援。

*我要如何度過這個難關？為什麼這樣的事情會發生？故事有沒有可能改變？*對許多人來說，這些由外在事件所產生的問題，會帶來一種內在的反應，也就是*祈禱*。

當然，當有人在 2020 年的絕望中轉向祈禱時，總也有人在面對同樣廣泛的危機時，慶幸地向上帝揮手道別。從某方面來說，冠狀病毒的大流行，導致許多安逸的不可知論者轉向祈禱。然而，從另一方面來說，許多忠實信徒的祈禱聲卻消失了。

在同樣的情況下，世界會*轉向神*，但教會也會*從神離開*。當世界正在敲教堂的門時，坐在教堂長凳上的人卻爭先恐後地想要逃出去。在過去的一年裡，有人在絕望中向上帝低聲說「救命」，但也有其他人沮喪地低語說「祢根本幫不上忙」。

兩個人，經歷同樣的境況，都與同一個神交談。兩者都是祈禱的形式。事實上，兩者也都符合聖經的祈禱。

祈禱的現象

現在，在你讀到這些話之前，許多人已經在祈禱了。天主教徒背誦著過去聖人詩意的禱詞。穆斯林們鋪上地毯，低頭開始齊聲誦讀《古蘭經》。猶太人將向耶和華的祈求寫在小紙片上，然後捲起來，塞進耶路撒冷的哭牆。佛教徒透過冥想清空自己，尋找忘卻自我的開悟狀態。西藏僧侶轉動轉經輪，裡面裝有捲起的祈禱文，就像神聖的輪盤賭注遊戲一樣。在某個地方，一個堅定的無神論者在醫院的候診室裡把頭埋在雙手裡，對著一個他甚至不相信會傾聽的上帝，低聲說了幾句絕望的話。這一切都發生在今天你讀到的這些話之前。

在西方，如果你是一個上教堂的人，那麼你就成了社會學意義上的異類。從各種統計指標來看，西方的基督教會在衰退。在一個對教會失去興趣並日漸高漲懷疑的社會中，祈禱似乎不會有任何進展。然而，根據可靠的蓋洛普（Gallup）研究，每週祈禱的美國人卻比運動、開車、做愛或上班的美國人還要多。[1]在美國這個後基督教日益增長的地方，有將近一半的人口仍然承認他

1. See George H. Gallup Jr., *Religion in America 1996* (Princeton, NJ: Princeton Religion Research Center, 1996), 4, 12, 19.
2. See Leonardo Blair, "Fewer Than Half of American Adults Pray Daily; Religiously Unaffiliated Grows: Study," *Christian Post*, December 17, 2021, www.christianpost.com/news/fewer-than-half-of-american -adults-pray-daily-study.html.

們每天祈禱，這個數字使得全國的教堂出席率相形見絀。[2]無論你以什麼方式衡量，祈禱都比教堂更重要（而且還差距不小）。

每個人都祈禱。每個人總是有祈禱的時候，而且不會停止。

祈禱似乎是本能，是人性的一部分。原始民族和文明的西方人、農村自耕農和城市職業人士、全職媽媽和巡迴音樂家、缺乏安全感的藝術家和無情的投資者、懷疑的無神論者和虔誠的神創論者——他們都在祈禱。用亞伯拉罕・約書亞・赫舍爾拉比（Rabbi Abraham Joshua Heschel）的話來說，「祈禱是我們對生活中不可思議的驚訝的謙卑回答。」[3]我們祈禱。我們無法停止祈禱。

祈禱邀請你學習在說話之前，先聆聽上帝；在你年長之時，像個孩子一樣提問；以憤怒的長篇大論，大聲說出你的問題；以脆弱的坦白，卸下武裝，接受被愛——完全地、徹底地愛，不顧一切。

然而，大多數人，甚至是大多數相信聖經的基督徒，都覺得禱告沒有什麼生命力。祈禱是無聊的、強制性的、令人困惑的，或者最常見的是，以上皆是。

中間的奧祕

人們常常講述祈禱得到戲劇性回應的故事——故事以迫切的需要開始，以奇蹟般的干預結束。但在談到祈禱時，我對這些故事的開頭甚至結尾都不太感興趣；我感興趣的是中間的部分，中間就是奧祕所在。中間是我們所有關於祈禱的提問的地方。

3. Abraham Joshua Heschel, *Man's Quest for God: Studies in Prayer and Symbolism* (New York: Scribner, 1954), 5, italics in original.

禱告真的有必要？如果上帝是全能的，那就意味著祂會在祂想要的時候完成祂想要的事，對嗎？那祂為什麼還需要我提出？

為什麼上帝有時似乎會回應禱告，但只有在很長一段時間的祈禱之後才回應？如果答案是肯定的，祂為什麼要讓我焦慮不安地等待呢？

為什麼上帝不回應我為失去的朋友和家人的禱告？我的意思是，祂想拯救世界，對吧？祂希望與每個人建立關係，祂想要回應禱告。那麼，如果該做的事都做了，為什麼回應沒有發生？

我知道我們有一個精神上的敵人。但如果耶穌已經戰勝了撒但，那麼還有什麼會干擾、成為我祈禱的反對力量呢？

當我祈禱時，究竟發生了什麼？有什麼事情是因為我祈禱而發生，如果我不祈禱就不會發生？或是有一些因為我祈禱而沒有發生的事，其實本來就不會發生？

我的祈禱真的重要嗎？它們對上帝重要嗎？對於真實世界的真實人生來說，重要嗎？歸根究柢，祈禱的「中間」到底發生了什麼事？

這本書所要講述的，正是在祈禱這「中間」所發生的奧祕。

聖徒、夢遊者和懷疑論者

我寫關於祈禱的書，是因為祈禱是我正在進行的危險的朝聖之旅。就像在聖雅各之路（聖雅各伯之路，Camino de Santiago）上走路，它像宣傳所說的那般艱鉅，也甚至比預期更值得。

我寫關於禱告的書是因為我愛教會，我相信基督教會是世界

4. 見申命記／申命紀 4:29; 箴言 8:17; 耶利米書／耶肋米亞 29:13; 馬太福音／瑪竇福音 7:7; 路加福音 11:9; 使徒行傳／宗徒大事錄 17:24–28.

的希望。我也喜歡那些對教會不屑一顧的世代，他們不是因為對精神之事不感興趣，而是因為他們精神追求的誠摯轉向了別處。

我寫禱告的書是因為我相信神就是神。我相信——真的相信——那些尋找祂的人，一定會找到祂。[4]我相信上帝有足夠的愛，只需要一個談話的開場白，祂就能吸引人一路回家。

我寫信給聖徒、夢遊者和懷疑論者。

對聖徒來說，這本書是進入泳池深處的邀請。這些書頁收藏了基督教傳統中各個時代和表現形式的寶藏——從大量的聖經見證人，到沙漠中的教父教母，到本篤會和正教修道士，到天主教哲學家、熱切的改革家和現代福音派人士。我們大多數人都只碰觸到基督徒生活的淺處，發現水的感覺很好，然後就停止了。我們從未在耶穌為我們贏得的神聖親密關係的深處游泳。這本書是對於游泳的邀約。

對夢遊者來說，這本書就像一桶冷水，澆在你昏昏欲睡的頭上。我們有太多人覺得上帝令人欽佩，但卻很無聊。靈修生活是「對的」方式、「好的」方式，但興奮只能在我們的社交日曆、最喜歡的運動隊伍、性的征服或職業發展中找到。在今日的基督教中，神聖與世俗之間存在著悲劇性的脫節，這導致「靈修生活」（由讀經、祈禱和——如果你想要額外的功勞——十一奉獻等活動組成）與「日常生活」（基本上由其他所有的事構成）之間不符合聖經的分離。

對懷疑論者來說，這本書是對無法教導、只能發現的事物的邀請。它以一個公開邀請的方式書寫，要我們擺脫終究來說並不牢靠的舒適柵欄，看看上帝是否真的是可知的。上帝邀請你在歷史上最忠實地被發現的地方找到祂：不是在百老匯燈光和舞台搖滾煙霧機的巨型教堂中，也不是在提供逆向思維的雄辯播客中；

而是在你和上帝的純粹沉默裡。「這個偉大的故事背後是否存在著一位無限慈愛、全善的作者？有還是沒有呢？如果有的話，祂有多大可能正在輕輕地試圖引起我的注意？」這些問題的答案只能被發現。這本書是一份透過祈禱來發現的邀請。

祈禱是與世隔絕的西方教會和對精神充滿好奇的西方世界之間的交集。在一個日益進入後基督教時代的美國——人們對精神感興趣，但對宗教抱有懷疑，渴望神祕體驗，但「謝絕任何被認為是『專業人士』的人的建議。」禱告是歷史悠久的正統基督教信仰的一個面向，不會對教會周圍新興的社會文化氛圍構成威脅。事實上，它很誘人。

祈禱也是我生活的主題。到目前為止，無論我在這個時而美麗、時而黑暗的世界裡生活多少天，都會是如此。禱告是我發現上帝的方式，禱告是我成為牧師的原因。祈禱是我一生中最偉大的慶祝、最令人心碎的失望和最令人困惑（且仍未得到解答）的問題的來源。祈禱不是一個讓我們靠著頭的柔軟地方，也不是燃燒精神脂肪的運動程序。這是一場狂野、不可預測的冒險，只有那些勇敢剝離自己虛假身分、一兩次完全被風吹倒、並在神祕中看見美麗的人才能經歷。要謹慎行事，禱告不適合膽小的人。

《禱告若愚》是祈禱的目錄，每一章都以練習實踐的邀請為結束——這是一個從思考到發現的簡單起點。不要為了這本書的內容而讀它，而是為了解其做法實踐而讀它。當你闔上書本並開始對話之後，你會發現真正的寶藏。

這就是我們要去的地方，但是這個故事始於一個極為普通的地方：一所公立中學的停車場。

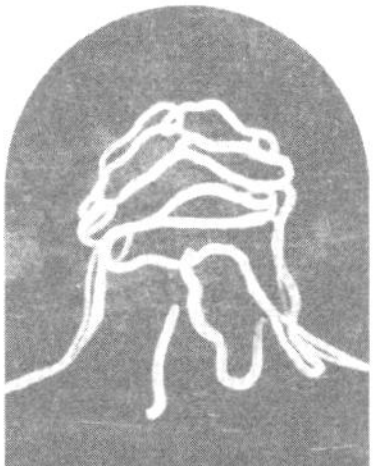

第一章

聖地

盡你所能地祈禱

看不見任何人，沒有其他人會在日出時來到這裡度假。我一動也不動地坐在停車場裡一輛借來的汽車的方向盤後面，哭泣著——感激的淚水淹沒了我。

我已經將近二十年沒有見過這棟建築，但如今我又來到了這裡——凝視著這所公立中學，它不知何故成了我的一座聖殿、一座大教堂、一個聚會場所、我一生的轉折點。

神聖的地方通常都是由那平凡的地方轉變而來的，不是嗎？在摩西（梅瑟）四十年來每天打卡的那片熟悉的曠野裡，有一處燃燒的荊棘。以斯帖（艾斯德爾）向國王提出請求的那個客廳。但以理（達尼爾）在違反王室法律的挑釁性祈禱時，擱置肘部的地方是樓上的窗台。伯利恆（白冷）郊區一個貧窮農民的破舊穀倉。彼得（伯多祿）從小停靠船的海灘。耶路撒冷一條破舊街道上的複式住宅，風開始向裡面吹。

只需片刻的時間，就能夠將日常場所變成聖地。這就是我在這裡發生的事情。

超越的實驗

在我十三歲的時候，我不確定我是否買了所有關於耶穌的東西。我是一個充滿好奇心的孩子，但我並不是一個容易被推銷的人；聽著，如果這個故事是真的，我就想加入。但如果這只是一個童話故事，我寧願早早知道，這樣我就不會浪費那麼多時間，唱著這些平庸的歌曲，並參加所有的這些聚會。這就是我的邏輯。

因此，當一位導師向我提出某種像是實驗的東西時，它引起了我的注意。

「如果你今年夏天，每天都繞著學校走一圈，為那些不信的朋友禱告，你認為上帝會在他們的生活中成就什麼？」

「我不知道。」

「為什麼不去發現看看？」

我喜歡這個主意。

我的哥哥剛滿十六歲，這意味著任何開車出門的理由，都會是一個很好的理由。那年夏天的每一天，他都會開車送我去一個我計畫要逃離的地方：學校。我沿著一條土路走進夏季茂密的草地，右手拿著折疊起來的學生通訊錄在學校操場行走。這是在以前，那時學校會把全校每個人的電話號碼發給所有人。他們在想什麼？我從來沒有使用過學校通訊錄，直到那年夏天，它成為我個人的「公禱書」，當我在那座熟悉的建築外面踱步時，它引導著我那不確定的、青春期的聲音低聲說話，在我半信半疑的上帝面前，想記住即將升上八年級的班上每一位同學的姓氏。

那年夏天發生了一些事。

我愛上了上帝，但我不確定祂是否在聽。我發現我不僅在某種終極意義上「需要」上帝；我是真的喜歡上帝。我很享受祂的存在，我很期待祂的陪伴。這就是我所知道的一切。

回到學校的第一天，我要求和校長談談。我走進了前兩年我一直避開的辦公室，然後就帶著它走了出來。我只是問他：「我可以開始一個新的學校課外計畫——一個關於耶穌的計畫嗎？」

「嗯，你需要一位老師來協助。每個學校社團都必須有一名教師協助。找到一位老師，你就可以自由地去做。」

就這樣，我最後在布倫特伍德中學一間裝著螢光燈、鋪著白色瓷磚的數學教室裡，主持了一次基督教外展聚會。我們在週三早上六點半見面，這顯然是一個方便的時間。哪個十二歲或十三歲的孩子不想在太陽升起之前，探索起源和目的的存在問題？

我主持這些聚會的整個策略很簡單。週二晚上，我會坐在臥室裡，隨機打開聖經，翻到中間的某一頁，在該頁上選擇一個段落，在完全沒有其他背景或聖經素養暗示的情況下閱讀它，記下我的一些想法。這真是災難的根源，而非復興。

但我做了一件適合我的事情。我祈禱。

我每週三提前一小時去學校帶領這個小組，所以我每週二和週四提前一小時去學校，繼續翻閱那本現在已經皺巴巴、磨損嚴重、破舊的學校通訊錄，逐個逐個名字為我的同學祈禱。而我的媽媽，那個引導我信仰的信徒，實際上要我坐下來，希望我透過祈禱放鬆下來，因為她為了一早載我去學校而少了很多睡眠的時間，這是真的。

這些聚會開始幾個月後，來的學生太多了，我們不得不從數學教室搬到學校的劇場。在那個學年結束時，我八年級班上大約有三分之一的學生在清晨的黑暗裡，在醫院燈光的氛圍中，透過一位十三歲的懷疑論者潛在的異端布道，與耶穌建立了關係。

這要嘛是完全荒謬，要嘛是徹底令人驚嘆：想到在一個十三歲男孩全然的不安全感中——參加籃球隊的緊張感、青春期到來的尷尬（而且稍微晚了一點）、在學校舞會中出汗的手心——還存在著上帝活生生的靈，以愛的方式，回應了一個孩子祈禱的咕噥。並不是因為祂發現這個孩子特別聰明，或是祂對管理世界有什麼創新的建議，只是因為祂發現這個孩子在全然的不安全感、尷尬和青春期緊張中，都仍然是無可抗拒地可愛。

這太荒謬了，或者說，這是令人驚嘆的。

脫下你的鞋

這一切都是二十年前的事了，當時我坐在熟悉的停車場裡借來的車裡，慢慢地扳開駕駛側的車門。當我的腳踏上人行道時，太陽剛開始照亮昏昏欲睡的灰色天空，有一排呈扇形停放的黃色校車在假期間休息。大樓的每扇門都用鏈條鎖住，並用螺栓關閉，我無意進去。於是繞著外圍走，讓我在這個時刻來到了這裡。我想再次踏上那片土地，曾在那裡一圈圈地祈禱，直到鞋底磨平——這個小循環定義了我的精神生活。

我現在三十一歲，是紐約布魯克林的牧師。

在那個關鍵性的八年級之後不久，我們全家就搬出了這個小鎮，從那時起，我就沒有回到布倫特伍德。我沒有回到那個地方，但是那個地方、那裡發生的事情，卻從未離開過我。

我的姻親住在離學校大約半小時路程的地方，我在他們家過聖誕節。我開始想，*我已經二十年沒有看過那棟校舍了。*

於是我就開車回到了那裡。我定在早上六點半到達，那只是為了舊時光。

「把你腳上的鞋脫下來、因為你所站之地是聖地。」[1]

我脫下鞋子，感覺到冰冷的路面刺穿了我的襪子。

我站在學校前方草坪的山丘上，那個為旗桿挖出的裂隙裡，當時我十三歲，每週二都會坐在那個隱蔽的地方，為朋友們一個一個祈禱。我走到那片人行道上，那是我每週四坐著的地方，一開始只有我一個人，隨著一年的過去，身邊逐漸多了一群對信仰重拾熱情的青少年。我走過的路，正是當年繞著那棟大樓祈禱時穿進草裡的路。當我祈禱時，天空與大地的距離彷彿紙那樣薄。

對其他人來說，這只是一所破舊的、需要政府資助和稍微整修的公立中學；對我來說，這裡是聖地。在這裡，上帝啟動了我的心靈，從未停止。耶穌說：「你們若常在我裡面、我的話也常在你們裡面、凡你們所願意的、祈求就給你們成就。」[2]因此，當我走在那片土地上祈禱時，淚水從我的臉上滑下，我的聲音顫抖得幾乎說不出一句話來。

凡事祈禱

《聖經》有許多關於禱告的經文，因此我們可以從許多地方開始探討這個神聖的奧祕。然而，保羅（保祿）在他的書信接近結尾時對腓立比（斐理伯）教會的指示，可能是最簡潔直接的：

> 主已經近了。應當一無挂慮、只要凡事藉著禱告、祈求、和感謝、將你們所要的告訴　神。　神所賜出人意外的平安、必在基督耶穌裡、保守你們的心懷意念。[3]

1. 出埃及記／出谷紀 3:5.
2. 約翰福音／若望福音 15:7.
3. 腓立比／斐理伯 4:5–7.

聖經其中一個令人沮喪的地方是，它很少像宜家家居的說明書一樣。如果神能把事情一步一步說出來，我就會去做。但不知何故，祂決意用故事、比喻和謎語來說話。

這段經文證明事情沒有那麼簡單。就在這裡，它是按部就班的，但一般來說，我們不會按照步驟來做。*應當一無挂慮。凡事禱告*。但大多數基督徒花在焦慮思想上的時間，遠比花在禱告上的時間多。如果它就在那裡，如此清楚明確，為什麼不接受神如此令人滿意的交換呢？

簡短的回答是：我們不相信。

我們認為，*拜託，事情沒那麼簡單*。

身為一個成員主要是處於人生前半段的年輕人教會的牧師，我所收到的關於處理焦慮的問題比關於禱告的問題還要多。焦慮是現代生活的背景音樂，所以我經常與挂慮的人交談。

但這不只是對他人的診斷。事實上，我對焦慮的熟悉遠勝於平安。比起接受禱告中應許釋放的自由，我更熟悉那股無意識中想要掌控一切壓倒我的情勢的驅動力。我不是站在另一邊向你提供奇蹟咒語的大師顧問。我就在你身邊。

神應許以平安——一種我們甚至無法從邏輯上推理出來的超自然的平安——來取代那令人喘不過氣的焦慮。這個交換的方法就是禱告。但是大多數人，不論其靈性成熟度、生命階段、心理覺察狀態或人格類型，都沒有經歷過禱告所應許的「用焦慮換取平安」的交換。

所以，為什麼不呢？

為什麼我們不禱告？

禱告的明顯障礙都在表面。你很忙，你有社交活動，你是（至少試著成為）成功的人、有理想的人、有社會意識的人。所有這些事情都需要時間，所以爭奪你專注力的競爭非常激烈。

當然，還有你口袋裡隨身攜帶網際網路的事實：97% 的美國人擁有手機，而其中 85% 的人擁有某種類型的智慧型手機。[4]現在，每分每秒都花在 Reddit、瀏覽 Instagram 或在 Twitter（X）上爭論政治。所以你很忙，而且分心。

不過，你可能還是會抽出時間吃飯、睡覺，甚至還能夠規律地做運動。即使在一個非常忙碌、非常分心的世界裡，人們仍然會抽出時間來從事對他們來說真正重要的事。所以，隱藏在表面之下，有一些更深層的東西讓我們無法禱告。

我想是這樣的：對大多數人來說，禱告並不能解決我們的焦慮。經文教導我們：「應當一無挂慮、只要凡事藉著禱告」。我們不禱告，也許是因為禱告會伴隨著很多讓我們覺得焦慮的理由。禱告本身會使我們焦慮，因為它會揭露我們原先可以忽略的恐懼，只要我們不去深究、不深思熟慮地將自己的脆弱攤開在神的面前，就可以忽略這些焦慮。

首先，我們必須為這些恐懼命名。

1. 因為害怕顯得天真而不禱告

我生活在一個邏輯性很強、看重智性的城市。在這種環境中，最大的罪惡莫過於天真。在紐約或波特蘭這些城市中（我整個成年生活都在這兩座城市之間渡過），沒有什麼比一個來自中西部郊區的州立學校畢業生，剛下飛機就在大城市裡瞪大眼睛、

4. See “Mobile Fact Sheet,” Pew Research Center, April 7, 2021, www.pewresearch.org/internet/fact-sheet/mobile.

滿眼驚奇地四處張望，更不時髦的了。天真，早就退流行了。

在這個我們自己創造的狹小、狹窄、世俗的世界裡，我們都有可能掌握我們所接觸的一切事物。事實上，為了生存，我們必須快速掌握它——從家裡到辦公室之間最有效率的路線、如何在工作中升遷、如何吃壽司而不顯得愚蠢、如何騎腳踏車橫越車道並安全活下來。如果無法掌握它，我們總能避免。我就換個行業、避免使用筷子，然後搭乘 Uber 就好了。

禱告是無法掌握的。禱告總是意味著順服。禱告就是願意把自己放在毫無防備、暴露在外的位置。沒有晉升、沒有控制、沒有掌握，只有謙卑和盼望。

禱告就是冒著天真、冒著相信、冒著犯傻的風險。禱告就是冒險相信一個可能會讓你失望的人，禱告就是讓我們抱著希望；而我們已經學會避免這樣做。所以我們避免祈禱。

2. 因為害怕面對沉默而不禱告

許多人對於他們所擁有的靈性感到非常自在，而禱告——就像耶穌所說的禱告是真實的一樣——冒著面對沉默的風險。

「寧靜是可怕的，因為它能剝奪一切，讓我們面對生活的嚴峻現實，」達拉斯・威拉德（Dallas Willard）寫道：「在那種寧靜中，如果『只剩我們和上帝』而變得幾乎什麼都沒有呢？」[5]

如果我真的把音樂、社群和講道都剔除，剔除所有我熟悉的信仰表達的噪音呢？如果只剩下我和神，但是我發現只有我和神其實沒有什麼好處呢？

---

5. Dallas Willard, *The Spirit of the Disciplines: Understanding How God Changes Lives* (San Francisco: HarperSanFrancisco, 1988), 163.

禱告意味著面對沉默的風險，而我們卻沉溺於嘈雜之中。這是一種風險——直面我們早已習慣談論、歌頌、閱讀和學習的神。這意味著要冒著與神真正互動的風險，而我們習慣在神周遭的噪音中安身立命的時間越長，風險也就越高。如果很尷尬、很失望、很無聊，或是神完全放我鴿子，要怎麼辦？

當我們將可能面臨這麼大的損失時，禱告可能比逃避、永遠不與神獨處，來得更可怕。

3. 因為害怕自私的動機而不禱告

我們因為自我評價而癱瘓。當我們評價與懷疑我們對神說的話時，禱告就會中斷。

為什麼我真的想要這樣？這個要求背後的原因是什麼？而我是否真的花了足夠的時間與神在一起來祈求這樣的事？還是我只是在需要什麼的時候，才傳簡訊給祂呢？這個願望真的夠純潔，可以帶到神的面前嗎？

讓我們來做一個假設，假設你的室友不認識耶穌。在為她禱告之前，你會面對一個不斷向內迴旋的問題。我到底為什麼想讓我的室友找到神？是因為我純粹希望她能得到聖愛的滿足，使她成為一個完整的人嗎？還是我在別人得出和我一樣的結論時，能得到安慰？就像是如果這整件事只是讓生活比較能被忍受的一種迷信，至少有一天他們會嘲笑*我們*，而不只是嘲笑*我*？

還是我認為我已經有了所有的答案，如果每個人都像我一樣思考、像我一樣相信、像我一樣行為，世界就會變得更好？我是否只是用假惺惺的同情心來掩飾自戀？還是因為我帶著某種宗教的內疚，我保守的奶奶在我小時候就灌輸給我，所以我現在為我的室友祈禱，但其實只是為了讓自己感覺自我良好？

我們都很清楚，各種動機在我們內心不斷湧動。當我們禱告時，我們會越來越意識到這些動機。有些人會因為那隨之而來的自我評價而癱瘓。

4. 因為害怕做錯而不禱告

我們有些人不禱告，是因為聽到其他人的禱告，讓我們覺得自己像是高中演講課時接在邱吉爾之後的人。

我沒有口才、我沒有信心、我不自在、我聽到其他人大聲禱告，而這只會加深我的不安全感。

許多基督徒花了多年的時間，將禱告的經驗限制在坐在教堂裡，看著一位專業的基督徒，用他們平常對話中從未使用的字句與神交談，導致他們產生一種錯誤觀念，「我一定是做錯了」。

我們有些人不常禱告，至少目前還沒。也許有一天，我們會掌握行話，學會其中的技巧。

為什麼要祈禱？

如果這些都是真的，我們為什麼要祈禱？

1. 因為不堪負荷而祈禱

現代世界，天真成了最大的社會罪惡。信念已被淘汰，玩世不恭才是主流。現代的這種現象從何而來？

在歷史上，啟蒙運動提出了人類進步的偉大神話，假設隨著時間的流逝，一切都在改進，人們變得更加完整，世界也在穩步變好。這個作為發展中世界支柱的假設，卻因為兩次世界大戰和有史以來最血腥、最野蠻的世紀而洩氣。人類進步的樂觀氣球被戳破，導致同樣廣泛的幻滅。

你我都被一個啟蒙後的解構故事所豢養，不再相信上帝，但也有很多理由不相信人。結果是，許多世代在假裝他們不需要任何一個人時找到了安全感——我可以信任我自己、引導我自己、只要有我自己就足夠了。

耶穌曾經睿智地說過，我們可以憑著他們的果子，認出一棵樹來。[6]那麼，在現代人的生命中，自給自足的故事結出了什麼果子呢？我們變得不堪負荷。我遇到的每個人都沉溺在「自己的事情」裡，不管「你的事」是藝術創作、利潤幅度、款待客戶，還是養育孩子。我們無法忽略「自己的事情」，因為「自己的事情」（無論它是什麼）吞噬了一切。

我們避免了變得天真，卻以變得不堪負荷為代價。原本以為能解放我們的故事，其實只是交換了牢房。如果我們以為這個故事可以釋放我們，但它卻困住了我們，那麼合乎邏輯的做法就是，超越這個故事。相反地，即使在教會裡，我們的祈禱也沒有把不堪負荷的生命，交換成超然的平安。它們只是將神拖進不堪負荷的生命裡，而我們唯一能讓祂適應的方法就是，將祂縮小到一個較小的尺寸。我們不斷禱告，卻降低了禱告的期望和力量。

我們瘋狂地踢腿以保持我們的頭頂在水面上，同時被動地與想像中的神交談，而神除了給我們正確的觀點讓我們撐過一天之外，什麼都做不了。我們將神貶低為一個和我們一樣疲憊不堪、無能為力的神聖存在，而我們對神的祈禱也就顯得含糊稀少。

一直承受著不堪負荷的生活，原本應該驅使我們做最純粹、最原始的禱告，但是我們許多人卻傾向做安全、有計劃的禱告，好讓我們免於失望，也免去了那來自禱告的自由。

6. 見馬太福音／瑪竇福音7:16–20.

2. 因為信賴先於信仰而祈禱

我們害怕沉默。但平息恐懼的不是信仰，而是信賴。信心是對我們所盼望的事物的確據。[7]信賴是對神的品格的信心。

在我們相信神會回應我們的要求之前，我們必須先學習相信我們所對話的神的性情。根據我的經驗，嘗試將信心納入等式中，不會讓沉默的可能性變得不那麼可怕；但相信聆聽者的性情卻肯定會。信賴讓我們可以說：「我不明白神現在在做什麼，但我相信神是好的」。

如果我祈禱，但癌症沒有消失呢？或者我找不到工作？或者她沒有回來？或是他仍然有毒癮？

如果沒有信賴，我們就會壓抑神的沉默給我們留下的失望。我們會築起一堵牆來防備那我們祈禱的神。我們小心翼翼地使我們的禱告細微化，防範神再次讓我們失望（我們會在第 9 章深入探討未蒙應允的禱告）。

有了信賴，我們就能來到那位品格似乎與他的沉默不符的神面前，毫不留情而誠實地說：「祢去了哪裡？祢怎麼可以這樣？祢在想什麼？」

耶穌並沒有啟示一位我們可以完全了解的神，但祂啟示了一位我們可以完全信賴的神。信賴是肯定聆聽的神會聽見和關懷。我信靠這位神，即使祂沒有讓苦難消失，卻與我一起承受苦難。信靠耶穌所啟示的神，意味著沉默是真實的，但不是永恆的。

3. 因為抱怨是受歡迎的而祈禱

神不會像我們一樣擔心我們的動機，我能證明這一點。這裡

7. 見希伯來書 11:1.

有幾句禱告，是被列為受啟示、無誤、正典經文的一部分：

> 願火炭落在他們身上，
> 　願他們被丟在火中、
> 　拋在深坑裡、不能再起來。（詩篇／聖詠集 140:10）
>
> 我因呼求困乏、
> 　喉嚨發乾，
> 我因等候　神、
> 　眼睛失明。（詩篇 69:3）
>
> 我在他面前吐露我的苦情，
> 　陳說我的患難。（詩篇 142:2）

憤怒、沮喪、抱怨。不管是誰寫下這些話，這個人都需要去看心理醫師。

大衛（達味），就是寫下這些禱文的人。你可能聽過大衛——古代以色列最有名的人物，他是為後來所有國王樹立了高不可攀標準的國王，是合乎神心意的人，他的血統被應許能帶來彌賽亞（默西亞）。他是寫下那些禱文的精神病夢魘（psychotic nightmare）的人。這些禱文被收錄在《詩篇》中，在教會創立之前，《詩篇》就已經成為基督徒敬拜和禱告的框架。[8]這些禱文與大衛一些更受人尊敬的詩歌並列。

8. 大衛並不是所有詩篇的作者，他大概是其中一半內容的作者。但他是這些例子的作者。

耶和華是我的牧者，我必不至缺乏。
　他使我躺臥在青草地上、
領我在可安歇的水邊。
　他使我的靈魂甦醒。（詩篇 23:1-3）

顯然大衛並不總是那麼安詳和平衡，因為他也祈禱「願火炭落在他們身上。」[9]

我的心哪、你要稱頌耶和華、
　不可忘記他的一切恩惠……
他用美物、使你所願的得以知足、
　以致你如鷹返老還童。（詩篇 103:2, 5）

他一定不是總覺得神在展開他的翅膀，因為他也祈禱說：「我因呼求困乏。」[10]

我要天天稱頌你，
　也要永永遠遠讚美你的名。
　　　（詩篇 145:2）

我猜那「天天」是誇張的詞，因為有些時候他口中說的不是讚美：「我在他面前吐露我的苦情」。[11]

---

9. 詩篇 140:10.
10. 詩篇 69:3.

這些《詩篇》揭示了各式各樣的動機。《詩篇》的一些禱詞直接違背耶穌的教導和神的性情（愛仇敵和豐盛慈愛、忠於信實的神怎麼了？[12]），這意味著有些《詩篇》就技術層次而言，就像是異端。那為什麼這些禱文會被收錄在《聖經》中呢？

因為它們是誠實的，這就是這些《詩篇》之所以成為典範的原因。神在尋找的是關係，而不是以完美的動機說出精心準備的演說。神聽過反應過激的憤怒、戲劇性的絕望、和無偽的喜樂，祂稱大衛為合乎自己心意的人。[13]因此，如果神能喜悅我們夾在聖經中的功能失調的禱告，祂也能處理你的禱告，而不需要你先把它們清理乾淨。

如果《聖經》告訴我們關於如何禱告的任何事情，它說的是神更喜歡充滿咆哮和錯字的草稿，而不是經過修飾和編輯的版本。魯益師（C. S. Lewis）談到禱告時說：「我們必須將我們裡面的，而不是我們裡面應該有的，放在祂面前。」[14]

你的動機改變的方式，不會只是你自己默默地思考，而是透過對神如此毫不留情的誠實，讓祂藉著禱告，來完善你的動機。歡迎抱怨。

4. 因為惟有試著想要做對時才會做錯而祈禱

當耶穌教導門徒禱告的時候，他把這句話放在中間，我覺得很有幫助：「我們日用的飲食、今日賜給我們。」[15]

---

11. 詩篇 142:2.
12. 見馬太福音 5:43–44；出埃及記 34:6.
13. 見撒母耳記上／撒慕爾紀上 13:14；使徒行傳 13:22.
14. C. S. Lewis, *Letters to Malcolm, Chiefly on Prayer* (New York: Harcourt, Brace & World, 1964), 22.

多麼簡單的請求！把你感受到的需要，帶到神的面前——今天的需要——跟祂談談。我們應該如何禱告？最直接的回應就是，向神訴說你心中的想法。就是這樣！就像朋友一樣，與神交談。你發洩。你問。你笑。你聆聽。你卸下包袱。你就是說。

你不用試著讓自己聽起來比實際更神聖、更純潔或更屬靈。禱告不是高尚的獨白，而是自由流動的對話；唯一會讓禱告出錯的方法就是，試著把禱告做對。

用坎德勒神學院（Candler School of Theology）榮譽教授羅貝塔・邦迪（Roberta Bondi）的至理名言來說：「如果你在禱告，你就已經『做對了。』」[16]

主已經近了

> 主已經近了。應當一無挂慮、只要凡事藉著禱告、祈求、和感謝、將你們所要的告訴　神。　神所賜出人意外的平安、必在基督耶穌裡、保守你們的心懷意念。
>
> 腓立比書4:5-7

對我們現代人的耳朵來說，這就像從未真正焦慮過、從未經歷過我所經歷過的事的人所寫的。這聽起來像是宗教性的祝福。事情沒那麼簡單。如果真的那麼簡單，為什麼沒有用呢？

當這段著名的經文被引用時，它通常是以擺脫焦慮的命令開始的：「應當一無挂慮」。但這段經文並不是從這裡開始的，在這個命令之前是一個事實的聲明：「主已經近了」。

15. 馬太福音6:11.
16. Roberta C. Bondi, *To Pray and to Love: Conversations on Prayer with the Early Church* (Minneapolis: Fortress, 1991), 49.

使我們的禱告失去力量的深層恐懼是，「神不在我身邊」的謊言。這個謊言就是神忘記了我、我沒有得到很好的照顧、我的未來沒有保障。我們憂慮的是，到了最後，無論遠近，這位神都是不可信的，祂不是祂所承諾的那一位；而事實上，到了最後，我只能靠自己。

四本福音書的作者都記得耶穌在聖殿裡憤怒地推倒兌換銀錢者的桌子。祂先知般地洗刷了神聖的聖殿，清除了玷汙祈禱殿的腐敗。在橫衝直撞的過程中，耶穌喘著氣大喊：「不要將我父的殿，當作買賣的地方！」[17]耶穌不是在鎮定自若、精心準備的教導時刻，而是在義憤填膺的陣痛中——從內心而非腦袋說出來——本能地稱聖殿為「我父的殿」。

這是很重要的，因為在第一世紀的以色列，聖殿是世上最受尊敬的建築物。猶太人相信聖殿是耶和華的殿——是神居住的地方。神居住的地方，光是跨過門檻就需要潔淨儀式，而且越靠近中心就越受限制。即使是大多數的祭司也不能進入最裏面的房間，因為在古代希伯來人的靈性中，聖殿就是神的臨在。耶穌稱那地方為「家」。在連祭司都緊張的神面前，耶穌就像在家一樣。

南希．梅爾斯（Nancy Mairs）深刻地指出：「一個人相信神是誰，最準確的揭示不是在任何信條中，而是在沒有人在聽時，他對神說話的方式。」[18]

當你說出「親愛的神」這句話時，與你對視的神的神聖的臉上會有什麼表情？神在想什麼？神的心情如何？

---

17. 約翰福音／若望福音2:16.

18. Nancy Mairs, *Ordinary Time: Cycles in Marriage, Faith, and Renewal* (Boston: Beacon, 1993), 54.

親愛的神，抱歉打擾您……

親愛的神，我知道您真的很忙，但是……

親愛的神，我知道我有一段時間沒有來拜訪您了……

「我父的殿」，這是一個非常不同的起點。耶穌的禱告就是從這個起點開始的。一個簡單的保證，使我們的禱告充滿力量，那就是「主已經近了」。

「你最重要的發現就是天父對你的愛，」24-7 禱告運動的創始人皮特．格雷格如此寫道。「你禱告的力量將來自於肯定造你的那一位喜歡你，祂沒有對你嗤之以鼻，祂是站在你這邊的……除非我們的使命、憐憫的行為、代求、請願、懺悔和屬靈爭戰都以認識天父的愛為起點和終點，否則我們的行動和禱告都是出於絕望、決心和職責，而不是啟示、期待和喜樂。」[19]

你最重要的發現就是天父的愛，這只是——一個發現，這是無法教導的。它必須被發現，而其他的一切都源自於這個發現。

我知道月球距離地球超過二十萬英里，它不只是夜空中的一道光；它是一個你可以觸摸和行走的實體。[20]我知道這一點，但阿姆斯壯發現了這一點。他旅行了那麼多英里才走在那發光的夜光上，那是完全不同的體驗。知識只是道聽塗說，只是記住事實。而發現需要親身經歷。

你可以閱讀菜單上每道主菜的說明，聆聽服務生滔滔不絕地描述吸引你注意的幾道主菜，仔細查看端出來的餐盤，觀察餐廳顧客吃下第一口時的反應；但這些都無法滿足你的飢餓感。除非

19. Pete Greig, *Dirty Glory: Go Where Your Best Prayers Take You* (Colorado Springs: NavPress, 2016), 53.

20. “Earth’s Moon: Quick Facts,” NASA Science, https://moon.nasa.gov /about/in-depth.

你拿起刀叉、親自品嚐，否則一切都只是道聽塗說。

你可以觀看所有的浪漫喜劇，閱讀所有的經典羅曼史小說，偷聽咖啡廳鄰桌的第一次約會。你可以在婚禮儀式上潸然落淚，欣賞慶祝五十週年紀念的老夫老妻，這一切都只是為了了解愛情。但要發現愛情，你必須親身感受第一次約會的胃部緊張，在沒有保證會有回報的情況下，告訴對方你的感受，在親朋好友面前許下誓言，並在經歷了數十個平凡的日子和意想不到的變化後，握著年邁配偶布滿皺紋的手、實踐這些誓言。真正的愛需要個人的經驗。

當談到禱告時，你可以閱讀所有的經典，研究復興的故事，並珍惜聖經中的每一個見解。你可以背誦那些事實。或者你可以每天透過禱告與神建立關係，堅持與熱切聆聽的天父，一起處理非凡的事、毀滅性的事，及中間所有平凡的事。猜猜看哪個方法更有效？禱告是從發現中學習的。

實踐多於理論

耶穌的門徒問耶穌：「教導我們禱告」[21]，耶穌就開始禱告。這就是他的答案。

現代靈修之父理查德．福斯特（Richard Foster）勸勉：「透過祈禱，我們學會祈禱。」[22]默觀者湯瑪士．牟敦（Thomas Merton）寫道：「如果你想要禱告的生活，方法就是禱告。」[23]

---

21. 路加福音 11:1.
22. Richard Foster, *Prayer: Finding the Heart's True Home* (New York: HarperCollins, 1992), 13.
23. Quoted in Br. David Steindl-Rast, "Man of Prayer," in *Thomas Merton/Monk: A Monastic Tribute*, ed. Patrick Hart (New York: Sheed & Ward, 1974), 79.

靈修巨擘德蕾莎修女（Mother Teresa）指示：「如果我們真的有意禱告、想要禱告，我們現在就必須準備好禱告。」[24]

祈禱是實踐多於理論，所以讓我提供一個起點，借用唐·約翰·查普曼（Dom John Chapman）的一句話：「能禱告就禱告，不能禱告就不要嘗試禱告。」[25]如果你不能禱告一個鐘頭，很好！不要嘗試！那會像是永恆那麼久。禱告一分鐘就好。「能禱告就禱告，不能禱告就不要嘗試禱告。」

如果你每次在家禱告時都走神，那就在跑腿、運動或是走在人行道上時禱告。

如果你無法專心大聲禱告，就用紙和筆記下禱告的內容。

如果你不能帶著盼望和信心禱告，神也不會煩擾你。祂想要你告訴祂，你的疑惑和失望。

如果你不能用讚美和崇拜的語句禱告，就不要假裝。禱告你的抱怨、憤怒或困惑。

如果你更喜歡憤世嫉俗而不是天真無邪，不確定自己的動機，害怕沉默，害怕答案，或者非常自信自己做得不對，那麼你的起步點就非常好。

盡你所能禱告，在途中的某個地方，你會發現你生命中最重要的發現——天父對你的愛。這個發現就是神的交易。你只需要誠實地出現。出現，並且持續出現。這就是禱告時唯一沒有商量餘地的事。

這個邀請是給所有人的。

---

24. Mother Teresa, *No Greater Love*, eds. Becky Benenate and Joseph Durepos (Novato, CA: New World Library, 1997), 6.
25. Dom John Chapman, *The Spiritual Letters of Dom John Chapman* (London: Sheed & Ward, 1935), 25.

如果你從未說過一句禱告的話，你該知道一個謙卑的請求，就足以讓一個在耶穌旁被釘十字架的職業小偷發現神的愛。[26]

如果祈禱對你來說是深深的創傷或失望的根源，請記住，當信任在一段關係中被破壞時，它不會因沉默和距離而痊癒；痊癒需要重新接觸的勇氣。我不會假裝那很容易。但這是癒合的地方。

如果你已經進入積極的成熟禱告生活多年，開始懷疑還有什麼需要發掘，請記住，你會永遠在神的面前，永遠不會到達祂的盡頭。你永遠不會對祂的良善失去驚奇的感覺，不會在祂的面前感到無聊，也不會把祂完全弄明白。在這個神聖的關係中，有無盡的發現。

盡你所能地禱告。

這是對每個人的邀請——新手、厭倦者、忠誠者，以及介於兩者之間的每個人。

2018 新年前夕

對我來說，回到以前的中學一次是不夠的。我必須回去。在新年前夕，我和妻子出去用餐，吃完甜品，我就去了。「你知道哪裡有浪漫的地方可以迎接新年嗎？」

我以最快的速度開車穿越了幾個鎮，回到了以前的中學，因為我想在時鐘轉動的時候，繞圈祈禱。

我回去，不是因為我覺得如果我回去，神就會做我想讓祂做的事。我回去，不是因為把神和我們日曆上的數字排在一起有什麼神祕的力量；我回去，是因為那是我想去的地方。我想和天父在一起。

26. 見路加福音 23:32–43.

那天晚上，我再次發現我的車子是停車場上唯一的一輛，我再次在禱告中走在我個人的聖地上，我沒有變得更像他的兒子。那一晚，神沒有比其他任何一晚更愛我，我也沒有比其他在外面跳舞、喝香檳的人更完全屬於祂。

但是，在這個大多數人都拒絕祂、忽視祂、選擇任何分散注意力的事物而非祂的世界裡，想像一下，當天父聽到「我想和祢在一起」這句話時，祂的心會有多高興。我選擇祢，上帝，而不是其他的選擇。

禱告是關於臨在，然後才是其他。禱告不是從結果開始的。禱告是自由選擇與天父同在，喜歡祂的陪伴。當我們渴望得到某些結果，或是因為得不到某些結果而感到困惑時，我們會被誘惑從這裡開始禱告。但是，我們無法超越與天父同在這一點，而達到接近耶穌為我們贏回的那種禱告。禱告始於同在。

因此，我在這所學校走來走去，熟悉的禱告循環定義了我的生命，就像克絲汀，當時是兩個小孩的母親，她在空轉的車裡耐心地使用吸乳器。神在我十三歲時在我身上開始的事從未停止，我生命中的其他一切都改變了，但這一點是恆久不變的：我在早上醒來的時刻，更喜歡天父的同在。十三歲時，我早上六點半到學校，老師還沒來。三十一歲時，我在布魯克林區公寓大樓的屋頂上，手持一杯咖啡，以雜技的身手攀爬防火梯。現在三十四歲的我，則是在清晨的黑暗中，右手拿著一杯很快就冷掉的咖啡，漫步在波特蘭市中心勞雷爾赫斯特（Laurelhurst）公園的小路上。為什麼呢？因為，儘管有這麼多事情，我還是比較喜歡神的同在。這不是咬牙切齒的祈禱，「拜託神，這是祢欠我的。」而是與那位先選擇我，今天又再次選擇我的神同在。這是我生命中的喜樂。

特別是那個新年的晚上，時鐘在轉動，日曆也在轉動，而我正走在一條對我來說象徵著很多事情的禱告路上，我只能透過熱情的眼淚和顫抖的聲音說出一句禱告。

「再做一次吧，主。」

「我看見你在這個平凡的地方，在平凡人當中所做的事，再做一次。再來一次，這次在布魯克林。」

「祢還是沒有改變，所以我會繼續祈求：『主啊，再做一次！』」

練習實踐

盡你所能地禱告

從現在開始。放下這本書，與神交談。跟祂談談你生活中那些你確定祂不會在乎的小細節。跟祂聊聊那些讓你失望或感到被辜負的地方。跟祂談談你不配得的祝福。跟祂說說你今天背負的焦慮。只管跟祂說。禱告不是背誦事實或強調關鍵詞句，而是一種關係的發現。

泰德．洛得（Ted Loder）的詩歌，一次又一次地引導我進入禱告：

聖潔的主、
有些事我想告訴祢，但有些差事要辦，
　要付帳單，
　　要安排計畫，
　　　要參加會議，
　　　　要招待朋友，
　　　　　要洗衣服……
我忘了我想對祢說的是什麼，
　而且大多數時候我也忘了我在說什麼
　　　或為什麼。
哦，神啊，
請不要忘記我，
看在耶穌基督的分上。

永恆者！
有些事我想告訴祢，
但我的心在憂慮和觀望中奔走、
　衡量與計畫，
　　帶著車轍般的輕蔑和坑坑疤疤的不滿，
　　　漏水的夢想、漏水的水管
　　　　以及我一直試圖堵住的漏水的人際關係；
我的注意力被占據，
　受孤獨、
　　受懷疑、
　　　和我貪戀的東西；
我忘了我想對祢說什麼，
　也忘了如何誠實地說出來
　　或如何做許多事。
哦，神啊，
請不要忘記我，
看在耶穌基督的分上。

全能的上帝啊，
我原本有話想問祢，
但在那無名怒氣的邊緣踉蹌前行，
心被無數的懼怕纏繞，
　懼怕各式各樣的恐懼，
　　懼怕失去工作，
　　　懼怕失敗，
　　懼怕疾病與衰老，

懼怕所愛之人離我而去，
懼怕死亡……
我忘了，我真正想問的是什麼，
我也忘了，該如何靜下心來聆聽祢的聲音。
因為祢似乎不真實又遙遠，
而我甚至忘了我到底忘了什麼。
哦，神啊，
請不要忘記我，
看在耶穌基督的分上。

天父啊……在天上，
也許祢早已聽到我想告訴祢的話了。
我想請求的是
原諒我、
醫治我，
請增加我的勇氣。
讓我重新燃起一點愛和信心，
和自信，
和一個願景
活得好像祢是真實的，
而我是重要的，
每個人都是姊妹和兄弟。

我用我的方式想問的是
不要放棄我，
不要為我太傷心，

要和我一起笑，
　和我一起再試一次，
　　我也會和祢一起。

我想要求的是
　有足夠的平靜來追求更多，並為之努力，
　　有足夠的喜悅來分享，
　　以及足夠敏銳的覺知
　　　感應到你的存在
　　　　這裡，
　　　　　現在，
　　　　　　那裡，
　　　　　　　然後，
　　　　　　　　直到永遠。[27]

27. Ted Loder, "There Is Something I Wanted to Tell You," in *Guerrillas of Grace: Prayers for the Battle*, 20th anniversary edition (Minneapolis: Augsburg Fortress, 2004), 67–68. Used by permission.

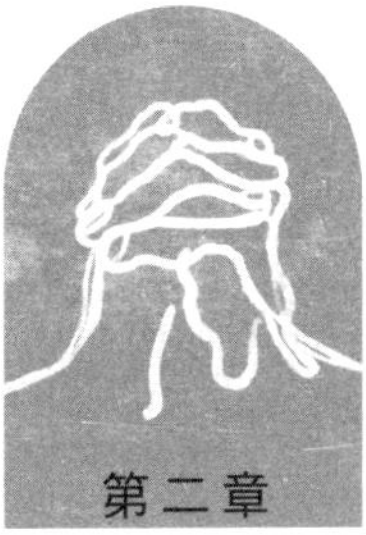

靜默與知曉

禱告的姿態

你們要休息，要知道我是　神；
我必在外邦中被尊崇、
在遍地上也被尊崇。
詩篇 46:10

CJ 宣布：「我們到了第二步，而這一步就是要相信並依賴比自己更強大的力量。」

CJ 幾個月來的清醒，主要歸功於他參加的 AA 團體。他向我複述，最近他與保證人歐文的對話。

如果你不熟悉匿名戒酒會的「大書」（Big Book），裡面有很多「神」的字眼。大多數的 12 步驟小組，為了包容性，都採用了「更高的力量」這種表達方式。

「嘿，老兄，是這樣的，」CJ 向歐文解釋道。「我想戒酒。我致力於這個計畫，但我不信神。別誤會我的意思，其他的事情我都會參與，但請不要試圖說服我去找什麼宇宙治療師，來幫我對琴酒和奎寧水說：「不，謝謝。」

這是許多人對禱告感受的中肯概括。近年來，在現代西方，尤其是在都市地區的新世代教育階層中，出現了東方靈性的復興。佛教的正念、冥想放空、瑜伽（甚至是用不知名的語言向不知名的神念誦的瑜伽）等任何能讓人進入某種難以捉摸的「中心狀態」的練習，都被搬到檯面上。

所以，*是的，我會祈禱*，許多人下意識性地認為——如果「祈禱」是專指在我內心發生的事情，某種靈性冥想。*我可以接受*。但真正與神明溝通？一個聰明到足以創造我、我所知道的一切、我所經歷的一切的神聖存在？得了吧！如果真有這樣的存在，他（或她或他們）會隨時隨地跟我說話的想法，就太荒謬了。

所以，幾天之後，歐文打電話給 CJ，就在工作日快結束的時候，他說：「我正開著車在你家門口。出來上車吧。」

「我們去哪？」CJ問。

「就上車吧！」

他們開車駛入布魯克林，最後，車子停進了康尼島木板路旁，一個已過期的停車計時器前的空位。

十一月的某天，風和日麗，他們一起走到海灘。在沙灘上，他們坐在彼此旁邊，就這麼望著，看著太陽從地平線上落下，灰藍色的海水延伸到他們所能看到的範圍之外。寒風呼呼地吹著他們的臉，穿透他們的外套，他們就這樣看著，誰也沒有說話。

最後，歐文用一個問題打破了沉默：「有沒有看到比你更強大的東西？」

CJ 猶豫了一下，然後緩緩地回答：「有」。

「太好了，」歐文說。「就從那裡開始。」

歐文開車帶著 CJ 到他沒有自己去過的地方，讓他看看他自己沒看到的東西。

「看到比你更強大的東西了嗎？」換句話說：「你能夠在這廣闊無邊的世界中，看到你自己——渺小的自己嗎？你能從上帝的角度，暫時看見自己嗎？」歐文向 CJ 介紹所有禱告所產生的靜默與驚奇。

禱告不是從我們開始，而是從神開始。禱告不是從說開始，而是從看開始。正如菲利普．楊西（Philip Yancey）所寫的：「禱告是從神的觀點來看現實的行為。」[1]

在我們張開嘴唇向神述說一個字之前，我們必須發現正確的姿勢。但我們需要正確的支持者——一位禱告的導師，他會帶我們到我們原本不打算去的地方，讓我們看到我們目前沒有看到的。為此，我們求助大衛，他在《聖經》中記載的禱告比任何人都多（遠遠超過其他人）。《詩篇》第 46 篇是可拉（科辣黑）的子孫的詩篇，是大衛聚集在會幕中日夜禱告的一群人的簡稱。這些著名的詩句就出自這個團體：「你們要休息、要知道我是神。」[2]祈禱就從這裡開始。

靜默

我們從可拉的兒子們詩意的祈禱中的這兩個字開始：「休息」。看起來很簡單，對吧？這實際上比聽起來複雜得多，因為你我習慣的正常生活方式，在歷史上其實是不正常的，而且幾乎不可能靜下來。

歷史上不正常卻普遍被接受的現代西方生活方式，主要是三項突破性發明的結果：時鐘、燈泡和蘋果手機。[3]

---

1. Philip Yancey, *Prayer: Does It Make Any Difference?* (Grand Rapids: Zondervan, 2006), 29.
2. 詩篇 46:10.

時鐘

1370 年，第一座公共時鐘在德國誕生。歷史學家普遍認為，那一刻是世界從自然時間轉變為人工時間的轉捩點。在此之前，人們隨著太陽升起而起床，隨著太陽落下而就寢。[4]生活是有節奏的，夏天的白天較長，冬天的白天較短（我猜，在人們有中央暖氣之前，德國人就是這樣熬過冬天的——他們大多是睡著熬過冬天的）。

自 1370 年起，當人們開始正式管理自己的時間時，時間從支配生活的限制，轉變為依據我們個人的計畫來使用的資源。

燈泡

1879 年，湯瑪斯・愛迪生發明了燈泡，特別的是，它大大縮短了我們的睡眠時間。在燈泡發明之前，美國人平均每晚睡 10 小時。[5]隨著人類生產潛力的提升，科技也開始起飛。

到了 1960 年，中央空調和暖氣、微波爐、洗碗機和洗衣機已經在美國家庭中普及。大約在那個時候，社會學家普遍開始預測，到了你我生活的年代，人類的生活將會是什麼樣子，而且幾乎每個人的預測都是一致的——休閒和生活的便利性大幅提升。

1967 年，參議院的一個小組委員會共同預測，到 1985 年，

---

3. 以下繁重的研究工作都是由我的朋友約翰・馬克・寇默（John Mark Comer）完成。本節中的想法是在他慷慨允許下借用的。若要更完整地討論這個主題，沒有比他的著作 *The Ruthless Elimination of Hurry*（Colorado Springs: WaterBrook, 2019）更好的資料來源了。
4. See Carl Honoré, *In Praise of Slowness: Challenging the Cult of Speed* (San Francisco: HarperSanFrancisco, 2004).
5. Cited in Dr. James B. Maas, *Power Sleep: The Revolutionary Program That Prepares Your Mind for Peak Performance* (1998; repr., New York: Quill, 2001), 7.

美國人平均每週工作 22 小時，一年工作 27 週。[6]事實上，「自 1980 年代以來，人們花在休閒上的平均時間減少了。」[7]

科技不斷進步，為我們節省時間。他們說對了這部分。他們錯估的是，我們會如何使用這些節省下來的時間。我們將時間花在深度休息以外的事情上。

蘋果手機

我們如何利用這段時間？好吧，當蘋果在 2007 年 6 月發布第一款 iPhone 時，他們為我們提供了一個用於追蹤這些數據的裝置。2016 年的一項研究發現，iPhone 用戶平均每天觸摸手機 2,617 次，盯著手機螢幕 76 次，總共使用兩個半小時。[8] 2019 年的一項最新研究發現，在短短三年內，這一個數字增加了一倍多，達到每天超過 5 小時。[9]

我們沒有放慢腳步，利用科技騰出時間閒暇；而是罹患心理健康專家所說的「匆忙症」（hurry sickness），一種以持續匆忙和焦慮為特徵的行為模式。在一個把效率和生產力看得高於一切的社會裡，把時間當作一種工具，而不是一種限制；匆忙不是偶然

---

6. See Kerby Anderson, *Technology and Social Trends: A Biblical Point of View* (Cambridge, OH: Christian Publishing House, 2016), 102.
7. Sarah O'Connor, "Commentary: The Mysterious Recent Decline of Our Leisure Time," CNA, October 7, 2021, www.channelnewsasia .com/commentary/leisure-time-decline-less-why-do-i-feel-busy -work-home-2225276, emphasis added.
8. Cited in Julia Naftulin, "Here's How Many Times We Touch Our Phones Every Day," *Business Insider*, July 13, 2016, www.business insider.com/dscout-research-people-touch-cell-phones-2617-times-a -day-2016-7.
9. See Eileen Brown, "Americans Spend Far More Time on Their Smartphones Than They Think," ZDNet, April 28, 2019, www .zdnet.com/article/americans-spend-far-more-time-on-their-smart phones-than-they-think.

的必要，而是一種需要。這是新常態。「休息」並不像聽起來的那麼簡單。

基督教哲學家達拉斯．威拉德曾經被問到：「我需要做什麼才能保持精神健康？」停頓了很長一段時間後，他給出了這個（現在已經變得很著名的）回應：「你必須堅定地從你的生活中消除匆忙。」[10]根據威拉德的說法，匆忙是我們這個時代，精神生活的大敵。這很有趣，不是嗎？我覺得這很有趣，因為如果我問一些精神導師——牧師、神父、拉比和神學家——「我們這個時代最大的精神敵人是什麼？」我懷疑他們當中很多人會本能地回應「快點！」。

彌賽亞大學的麥可．齊加雷利（Michael Zigarelli）針對美國兩萬名基督徒進行了為期五年的研究，發現「忙碌」是與神相處的第一大干擾。他用這個偉大的結論總結了自己的研究：

> 可能的情況是：（1）基督徒正在融入一種忙碌、匆忙和超負荷的文化，這導致（2）神在基督徒的生活中變得更加邊緣化，這導致（3）與神的關係惡化，這導致（4）基督徒變得更容易接受關於如何生活的世俗假設，這導致（5）更符合忙碌、匆忙和超負荷的文化。然後再次開始循環。[11]

這聽起來很熟悉嗎？當我讀到這些話時，我感覺到齊加雷利一直在用隱藏的攝影機監視我。他接著得出的結論是，根據統

10. Dallas Willard, *Living in Christ's Presence: Final Words on Heaven and the Kingdom of God* (Downers Grove, IL: InterVarsity, 2013), 144.
11. Michael Zigarelli, "Distracted from God: A Five-Year, Worldwide Study," Christianity 9 to 5, 2008, www.christianity9to5.org /distracted-from-god.

計，最容易陷入這種惡性循環的職業是醫生、律師和（等一下）牧師。當然，不是寫下這些話的牧師，是其他較不成熟的牧師。

瑞士精神病學家卡爾・榮格（Carl Jung）的研究是邁爾斯-布里格斯性格測驗（Myers-Briggs personality test）的基礎，他直言不諱地說：「匆忙不是關於魔鬼；匆忙就是魔鬼。」[12]現代聖人理查德・福斯特寫道，「在當代社會，我們的對手（聖經中對魔鬼的稱呼）主要表現在三件事上：噪音、匆忙和人群。如果它能讓我們想要更多、還要更多，它就會心滿意足。[13]一個記者曾問神學家湯瑪士・牟敦，能否論斷出我們這個時代最主要的屬靈疾病；牟敦給了一個字的答案：「效率。」[14]

我們傾向於將生活的複雜性和忙碌歸因於錯誤的罪魁禍首。我們將其歸咎於我們的環境。我們城市的活動節奏、我們的工作量或辦公室文化、我們的人生階段以及當前對時間的需求，均被認為是我們生活不堪負荷的主要原因。

貴格會傳教士托馬斯・凱利（Thomas Kelly）於1941年寫道，當他在夏威夷度過了為期十二個月的休假，花了整整一年「放慢腳步」和「簡單生活」後，得出了不同的觀察結果。和其他美國人一樣，他帶著他所熟悉的「瘋狂、狂熱的生活方式」來到了熱帶地區。[15]他觀察到你的生活不是環境的鏡像，恰恰相反，是我們創造了一個反映我們內心生活的環境。凱利觀察到：

12. Quoted in Morton T. Kelsey, *The Other Side of Silence: A Guide to Christian Meditation* (New York: Paulist, 1976), 83.
13. Richard Foster, *Celebration of Discipline: The Path to Spiritual Growth* (San Francisco: Harper & Row, 1978), 13.
14. Cited in Yancey, *Prayer*, 24.
15. Thomas Kelly, *A Testament of Devotion* (1941; repr., New York: Walker, 1987), 156.

> 我們被日常外在負擔的瘋狂節奏所壓垮，而內心的不安又進一步壓垮了我們，我們隱約覺得，有一種生活方式比這一切匆忙的存在更加豐富和深刻，一種不慌不忙的寧靜、平和和平靜的生活。要是我們能溜進那個中心就好了！要是我們能找到安靜就好了，安靜是聲音的泉源。[16]

這些老師們都說著同一件事：匆忙是我們這個時代靈修生活的大敵。

我確信可拉之子希望我們所有人在精神和情感上都保持健康，但危在旦夕的不僅是我們保持專注的能力。當這首《詩篇》敦促我們「休息靜默」時，它並不是在推動我們進行自我保健，而是在推動我們靜修。它正在破壞一個古老的陰謀。一直追溯到故事的開頭，亞當和夏娃（厄娃）摘下並吃了那棵禁樹上的禁果，[17]然後他們躲起來、作衣服、爭論、指責。他們透過理查德．福斯特所說的「更多」、麥可．齊加雷利所說的「忙碌」以及達拉斯．威拉德所說的「匆忙」來處理自己的罪。從那時起，我們總是發現，只要我們不停地忙碌，就最容易忽視真相。在人類的墮落中，我們掌握了匆忙的藝術。「所以我們最終成為了好人，但不是很深刻的人：不壞，只是忙碌；並非不道德，只是心煩意亂；沒有遺失靈魂，只是被忙碌占據；並不是蔑視深度，只是從不做出能讓我們達到那裡的事。」羅納德．羅海瑟（Ronald Rolheiser）這樣說。[18]

我們試圖將禱告引入我們匆忙的生活中——只治標，但不治

16. Kelly, *Testament of Devotion*, 158.
17. 見創世記／創世紀3.

本——結果只是口頭上對上帝的崇拜，而輕易順應文化卻成為我們崇拜的唯一真神。只要我們不停地忙碌，我們就可以繼續維持這個幻象，忽視真相。

親愛的讀者，我知道你有多重要。我知道你工作繁忙，家裡有很多要求。我知道有人依賴你，有需要關注的 Netflix 待看清單，以及離不開網路的社群媒體人物。但我可以溫柔地提醒你，可拉之子練習了安靜的祈禱姿態，在部落戰爭的世界裡，大衛作為一個國家的國王也是如此。

我上床睡覺時擔心截止日期、帳單和待辦事項清單。大衛躺在枕頭上，擔心敵人在山區紮營，等待適當的衝鋒時機。他優先考慮的是安靜下來的時間。他有一個安靜的習慣，這使他能夠從上帝的角度看待自己的生活。

「休息！」拉丁語單字「慢慢來」(*vacate*)是由它而來，英語單字假期（*vacate*）也是由此而來。隨時隨地祈禱的邀約是這樣的：放個假吧！暫時停止，讓上帝凌駕於你自己的生命之上。放下控制。返回創造的秩序。

靜默。禱告從那裡開始。但這只是開始。

認識神

2017 年 8 月 21 日，你在做什麼？

光是回想這個日期你可能記不住，所以，如果你聽到發生過的事件，它可能會幫助你喚起記憶：從我們在地球上的位置可以看到日全蝕，這是美國自 1979 年以來從未見過的事件。人們組

18. Ronald Rolheiser, *Sacred Fire: A Vision for a Deeper Human and Christian Maturity* (New York: Image, 2014), 200.

織了觀看聚會。有些人請了一天假，其他人只是繼續週一的例行公事，把待辦事項上的項目劃掉；而我們其他人則盯著天空。

就我個人而言，我很高興看到它，但也對「你需要購買這些特殊的眼鏡，否則你可能會在向上看的時候失明」這樣的公告不感興趣。因此，當日蝕真正發生時，我正沿著二十三街行走，這是曼哈頓西區一條特別熱鬧的大道。第二十三街穿過切爾西市中心，這裡是紐約高檔藝術畫廊、獨立劇院和最具代表性的酒店的所在地。但它也是一個交通樞紐，距離時代廣場足夠近，足以吸引遊客和連鎖店，以及大量忙得不可開交、總是怒氣沖沖、試圖從 A 點移動到 B 點的紐約客。當月亮從太陽和地球之間經過，就像一個人在擁擠的房間裡，從兩個談話的人中間走過，月亮在中午短暫地遮住了陽光，而我就在那裡。

這是我永遠記得的紐約時刻之一。人行道上到處都是停在那裡的人，來來回回地傳遞著眼鏡。事實證明，誰準備好了、誰還沒準備好，並不重要。每個想看的人都看了，每個看的人都像小孩子一樣互相交談。見多識廣的紐約人，暫時回到四年級科學博物館校外教學時的內在小孩。那是我們大多數人，但並非所有人都如此。

還有另一群人，同樣團結一致，對每個人都擠在人行道上凝視太陽感到憤怒。他們咕噥著，嘲笑著穿過人群，成年孩子穿著商務休閒裝，用一切可以想像到的非語言方式交流道，*我真的非常非常重要，而你擋了我的路*。

這種惱怒的姿勢，從某些角度看來，尤其具有諷刺意味。如果你顛倒一下視角——從宇宙的邊緣往下看，而不是從第二十三街往上看——事情看起來就會大不相同。從這個角度來看，那些一臉不耐、匆忙穿梭、自以為很重要的人，在努力穿越一堆圍觀群眾的障礙時，顯得毫不起眼。

我們的太陽、月亮和八顆行星只是構成我們宇宙約莫 2,000 億個鄰域中的一個小鄰域。[19]如果我們認為銀河系有整個北美大陸那麼大，那麼我們的太陽系就相當於一個咖啡杯。[20]兩艘航海家號太空船正以超過每小時 35,000 英里的速度向太陽系邊緣巡航。他們已經這樣做了 40 多年，行程超過 110 億英里，而且看不到盡頭。[21]當美國國家航空暨太空總署（NASA）向其中一艘以該速度飛行的航行者號發送通訊時，大約需要十七個小時才能到達。[22]透過這些數據，科學家估計，將「光速」訊息發送到宇宙邊緣需要超過 150 億年才能到達。[23]

「所以，是的，切爾西藝術品經銷商，你非常重要。但當我們正在注視著天空，你也透過嘟囔咕噥來表達你的焦躁時，你同時也是不可思議地年輕、彷彿隨時會消逝，而且令人難以置信地渺小。」

你和我用我們自己的兩隻眼睛看世界，從微小的角度來看，

19. See Jason Dorrier, "How Many Galaxies Are in the Universe? A New Answer from the Darkest Sky Ever Observed," SingularityHub, January 15, 2021, https://singularityhub.com/2021/01/15/how -many-galaxies-are-in-the-universe-a-new-answer-emerges-from -the-darkest-sky-ever-observed.
20. See "Milky Way," Western Washington University Physics/ Astronomy Dept., www.wwu.edu/astro101/a101_milkyway.shtml.
21. See Marina Koren, "When Will Voyager Stop Calling Home?," *Atlantic*, September 5, 2017, www.theatlantic.com/science/archive /2017/09/voyager-interstellar-space/538881.
22. See Passant Rabie, "After Months of Silence, Voyager 2 Sends a Gleeful Message Back to Earth," Inverse, November 3, 2020, www .inverse.com/science/voyager-2-finally-phones-home.
23. See Stacey Leasca, "Here' s What Actually Happens When You Travel at the Speed of Light, According to NASA," *Travel + Leisure*, August 26, 2020, www.travelandleisure.com/trip-ideas/space-astronomy /nasa-near-light-speed-travel.

我們傾向於說服自己，我們在（或至少應該）控制、指導我們自己的生活，並規劃我們的未來。我們再次回到菲利普・楊西在本章前面提醒我們的真理：「禱告是從神的觀點來看現實的行為。」神呼召我們「安靜下來，要知道我是神。」

《詩篇》第八篇對這個奇蹟感到驚訝：

我觀看你指頭所造的天、
　並你所陳設的月亮星宿、
便說、人算甚麼、你竟顧念他，
　世人算甚麼、你竟眷顧他。（第3-4節）

自從寫下這個簡單的禱文以來，幾千年來我們所有的科學發現都證實了它的智慧。在一望無垠的蒼茫之中，到底那位神是誰，會關心像我這樣的人？禱告最令人震驚和最重要的工作就是，單單讓我們自己被上帝所愛。

有一種渺小是很好的，它伴隨著對上帝的驚嘆。祂足夠大，可以用祂的呼吸塑造宇宙；也足夠個性化，對我在一天當中所發生的事件和我情緒的波動產生真正的興趣。

我喜歡城市。那些堅韌、熙攘、多樣化的市區街道，一直是我整個成年生活的所在。在擁擠、臭氣熏天的地鐵月台上，比在鄉村小路或郊區的商店街讓我感覺更自在。但與其他地方一樣，有利有弊。在我看來，生活在大城市有一個明顯的缺點，也就是頭頂的天空。下面城市的明亮燈光淹沒了上方夜空中的星光。在城市街道上大多看不見天上的星星。

我們的人造光線淹沒了天上的光線，這不是深刻的象徵意義嗎？除非你遇到一個特別晴朗的黑夜，否則我們已經找到一種遮蔽星星的方法，假裝我們在地面上所看到的就是全部。星星仍然存在，但在城市裡，我們辦公大樓的燈光一直亮到很晚，明亮的廣告在爭奪我們的注意力，許多公寓窗戶裡的燈都發出黃色的光——這一切都共同掩蓋了那些提醒我們自己有多渺小的光。這一切都讓我相信，從我狹小的視角看出去的世界就是全部。城市居民有可能錯過大衛所看到的——我們的生命與某種更偉大的事物背道而馳。

從亞當和夏娃開始的事情從未停止。同樣的古老陰謀在巴別塔（巴貝耳塔）、在掃羅王（撒烏耳王），在法利賽（法利塞）教士，在你公司的執行長，以及在我身上重演。我們都很容易淹沒對神的看法，不斷移動，彷彿我們才是生活的中心。

靜默是一個安靜的空間，在那裡，神從外圍回到中心，禱告從以神為中心的生命中湧出。

認識你自己

在《詩篇》第 146 篇中，《詩篇》作者在讚美神的偉大的詩篇中，寫下了令人瞠目結舌的句子：「你們不要倚靠君王、不要倚靠世人、他一點不能幫助。他的氣一斷、就歸回塵土，他所打算的、當日就消滅了。」[24] 乍看這些話似乎很不合適，就像悼詞中的一句，不小心加進了讚美詩歌裡，但從正確的角度來看，這就是禱告。

西方文化日益成為年輕人的避難所，他們無盡地憧憬那片充滿冒險與探索的未來。我們讚頌生命的前半段——健美的身材、風格的穿著、職涯上的步步高升，以及那令人興奮的週末計畫。

---

24. 詩篇 146:3–4 ESV.

長者成了被遺忘的群體。

我在紐約市生活了十二年。我為失去星星而悲傷，但我卻津津樂道於天際線的美景。我最喜歡的曼哈頓天際線景色，總是從布魯克林的綠林公墓（Green-Wood Cemetery）看出去的角度。當看見那些墓碑背後的城市尖塔時，我總是感到莫名的安慰。每一座墓碑都代表著一個人，他們活得快樂，制定計畫，並避開一切妨礙他們實現夢想的未來的障礙。換句話說，他們是有意志的人，他們會盡最大的努力，讓自己的意志在當下發揮作用。現在他們已成為過去的回憶，而城市裡則充滿了新的人，他們活得更快，也做了更多的計畫。

這個景象提醒我，我所承受的一切壓力、在腦海裡重複出現的每一個衝突、胃裡翻騰的每一個焦慮，以及我對明天早上的每一個憂慮——所有這些噪音有一天都會停止。「當他的氣離開的

Jessica Staton

時候，他就會回到地上；就在那一天，他的計畫就會滅亡。」那些墓碑是一個重要的提醒，讓我知道我是多麼的短暫。

《詩篇》第 39 篇是大衛的另一篇禱文，其中寫道：「耶和華阿、求你叫我曉得我身之終、我的壽數幾何、叫我知道我的生命不長。你使我的年日、窄如手掌，我一生的年數、在你面前、如同無有，各人最穩妥的時候、真是全然虛幻。」[25]

現在你知道大衛禱告的目的了。他在破壞最古老的陰謀。就在亞當和夏娃摘下禁果之前，他們所說的謊言是：「你們不一定死」[26]。這個謊言對人類的靈魂和社會秩序造成了（而且仍然在造成）破壞。

因此，像「叫我知道我的生命不長」這樣的祈禱，不是自我貶低或沮喪，而是自我認知的勝利。將我們快速運轉的生活轉為靜止，將我們忙碌的心靈轉為孤獨，是對流淌在我們血管中的詛咒的反叛行為。

當我們生活在不斷的噪音中時，我們會忘記自己的死亡，而後果是極深遠的。活得好像這個世界和這個生命就是你的一切，你就會在試圖成為所有人的一切中迷失自己。假裝自己是永恆的，是個可悲的、非人性的謊言，是最原始的謊言。我們從不厭其煩地相信它，也從不失落於它。

相反地，當我們藉由靜止來記住自己的死亡時，我們就找回了自己。亨利・盧雲（Henri Nouwen）說：「獨處是轉化的熔爐。沒有獨處，我們仍然是社會的受害者，繼續被虛假自我的幻象所糾纏……獨處是激烈掙扎和深刻相遇的地方——那是在對

25. 詩篇 39:4–5.
26. 創世記 3:4.

抗虛假自我，與慈愛的神相遇之處，祂將自己奉獻為我們新自我的實體。」[27]

大衛懇求神提醒他，他是有時限的，不是因為他感到沮喪，而是因為這會讓他看到他的真正價值！

人算甚麼、你竟顧念他，
　世人算甚麼、你竟眷顧他。
你叫他比天使微小一點、
　並賜他榮耀尊貴為冠冕。
　　（詩篇 8:4-5）

當我禱告的時候，當我從神的角度來看我自己的時候，我不但看到自己的渺小，也看到我對神來說有多麼寶貴。大衛接著禱告：「我幾次流離、你都記數，求你把我眼淚裝在你的皮袋裡，這不都記在你冊子上麼。神阿、你的意念向我何等寶貴，其數何等眾多。我若數點、比海沙更多。」[28]一個人怎會有這樣的膽量來禱告？大衛有足夠的自由承認他無法掌控一切、不是全能的、不夠、也不需要。他不是沉溺在自己的缺乏，而是在慶祝。

當你看到神是多麼偉大，而你又是多麼脆弱和稍縱即逝時，你同樣也會看到自己是多麼重要。造物主有時間給你。你和我都是陶罐，我們是塵土。但神在我們身上藏了救贖，上帝在我們身上隱藏了一種永不止息的生命。只有當你看到自己的真實身分，你才能看到自己有多重要。

---

27. Henri Nouwen, *The Way of the Heart: Desert Spirituality and Contemporary Ministry* (San Francisco: Harper & Row, 1981), 25–26.
28. 見詩篇 56:8; 139:17–18.

十九世紀瑞士神學家漢斯・烏爾斯・馮・巴爾塔薩（Hans Urs von Balthasar）寫道：「受造物只需要在某種程度上意識到自己的真實存在，就會開始禱告。」[29]

「靜默，要知道我是神。」放慢腳步。記住神到底是誰，記住你到底是誰。這就是禱告。

不慌不忙的愛

耶穌有意練習靜默，他以四十天的曠野獨處開始他的事奉。在他從不斷增長的追隨者中挑選出十二個門徒之前，他隱退到靜默中。在他治癒了一個痲瘋病人之後，在他差派門徒到周圍的村莊服事之後，他經常在深夜和清晨時分從人群中溜走，通常是到橄欖山，那似乎是他最喜歡的寧靜地點。他從讚美和批評的喧嘩聲中退隱，與天父相伴——在客觀的成功和明顯的失敗面前，迴避人群的喧嘩，轉而傾聽聖靈那寂靜、微小的低語。

耶穌是有心的，但他也同樣容易被打斷。

當然，他從人群中溜走，但他也允許自己在任務中被打斷——在耶利哥（耶里哥）郊外醫治巴底買（巴爾提買），在人群中醫治一個大出血的婦人，甚至讚賞一個敘利非尼基（敘利亞腓尼基）婦人的信心。

耶穌是有意的，*也是*能打斷的。有一個詞能形容這種態度：*不急不躁*。匆忙是靈性生命的大敵。為什麼？因為匆忙扼殺了愛。匆忙隱藏在憤怒、煩躁和自我中心的背後，蒙蔽了雙眼，讓我們看不清我們是神所愛的人，她是姐妹，他是弟兄的真相。

---

29. Hans Urs von Balthasar, *Prayer*, trans. Graham Harrison (San Francisco: Ignatius, 1986), 44.

縱觀教會歷史，某些教派一生都致力於靜默。俄羅斯教會為這種獨處方式起了一個名字：靜隱之所（*Poustinia*）。這些激進的沉思者遁入沙漠，過著與世隔絕、永恆孤獨的生活。他們稱自己為*poustiniki*，意思是「與大家在一起」，這對於獨居生活來說似乎是個奇怪的名稱。他們奉行刻意靜止的生活，以此作為一種紀律；但同樣地，他們也奉行可以被中斷的生活，拒絕閂門，隨時隨地與人相處，並以鄰居的需要為最高優先。有意和可打斷。不慌不忙。

在神面前的靜默使我們轉變成一種不慌不忙的愛。正是在靜默祈禱的寧靜中，神翻開我們心中的土壤，向我們顯明我們的欲望，並滿足這些欲望的源頭。當我們停止移動、停止說話，安靜地來到神面前，並全然專注於當下時，祂會帶走我們所有不正常的欲望、扭曲的依戀和依賴的關係，將它們轉化為愛。

當我們利用他人來滿足自己的需要時，我們就無法愛他們。互相依賴的人不會真心相愛，他們是在利用對方。每個人都需要對方來感覺自己還好。當我們需要這個世界，需要從這個世界得到一些東西，需要從這個世界上那些令人畏懼、被造得極其完美的人身上得到一些東西，好讓我們自己覺得完整時，我們就無法去愛。

神必須打破我們對世界的執著，這樣我們才能真正愛這個世界。神必須打破我們對世界上那些滿足我們自我的人的依戀，這樣我們才能真正看見別人、認識別人、歡迎別人、愛別人。這個工作發生之處就是靜默祈禱。如此一來，靜默就具有深刻的使命感。靜默始於隔離孤立，終於「與眾同在」。

禱告的姿態

幾乎所有誦讀《詩篇》46篇的人都會以「你們要休息、要知道我是神」來結束禱告，但可拉（科辣黑）的子孫卻沒有這樣做。靜默。放下你的焦慮，放下你的重擔，讓你的靈魂休息一下；然後，「我必在外邦中被尊崇、在遍地上也被尊崇。」[30]這就是禱告的目的，也是我們在聖潔的靜默中所領悟到的應許。

「在遍地上也被尊崇」是指神的同在成為現實，顯而易見，這意味著愛在有恨的地方滋長。仁慈淹沒競爭，將競爭一掃而空。和平吞噬恐懼，喜樂沖走嫉妒，自制平息憤怒。以下是神承諾完成這一切的方法：「你們要休息、要知道我是　神。」

靜下來。記住神是誰，記住你是誰；然後，盡力生活，不要把順序搞混。這樣就夠了，這就是你開始改變的地方；因此，你周遭的世界也會開始改變。

想像你正在海灘上。十一月的某一天，天氣涼爽。寒冷的風穿透你的衣服，海浪隨著潮漲潮退拍打著岸邊，午後的陽光低垂，海水在看似盡頭的地方延伸了數百英里。

看到比你更強大的東西了嗎？

太好了。就從那裡開始。

---

30. 詩篇 46:10.

練習實踐

靜默

許多人把靜心和等待啟示混為一談。有時候啟示確實會來，而且非常奇妙。但那不是靜默的目的。靜默的目的是同意。這是同意神的靈作工的日常實踐，它比理解或言語更深。這是「深呼深喚」[31]的方式，從我們的靈魂到祂的靈魂。

選擇一個一致的時間。對你來說，這可能是早上匆忙通勤前的最後一刻、送孩子上學後的突然寧靜，或是每天辦公室的午休時間。這可能是你早上做的第一件事，也可能是你就寢前做的最後一件事。「什麼時候」並不重要，只要「什麼時候」是一貫的，因為沒有什麼習慣或優先順序不是一貫的。

創造一個儀式。選擇一個普通的地方成為聖地——普通的聖地。可以是你最喜歡的椅子、後門廊的階梯、樓上的陽台，或是市區公車的靠窗座位。坐直，兩腳緊緊踏在地上。將你的手放在膝上，手掌張開，面朝上。閉上眼睛。深呼吸，然後慢慢吐氣三次。祈禱一些簡單而有感覺的事情。傳統上，這叫做呼吸禱告，聽起來像是：「主啊，我在這裡」或「來吧，聖靈」或「主啊，憐憫我」。

然後安靜下來。靜靜等待。我建議你設定一個計時器——裝置上的計時器或老式的碼表都可以。當你設定計時器時，你就不需要睜開眼睛看時間。從兩分鐘開始，每天都這樣做，靜默兩分鐘。一個月後，增加到四分鐘，一個月後再增加到六分鐘。一直

31. 詩篇 42:7.

這樣做，直到你達到十分鐘。

不要急於決定這種默禱的練習是否「有效」，不要評估你是否「有所得」。只要相信，幾個世紀以來聖人的練習，以及耶穌本人的練習，也可能在你的生命中占有一席之地。練習靜默，將它作為獻給上帝的祭品。就是這麼簡單。它是將自己的某些東西獻給神，而不是從神那裡得到某些東西。有一天，你會抬頭發現，在某個地方——在你無法精確說出，但可以肯定你已經跨越的某個點——靜默禱告成為了你的生命線，成為了你不可或缺的東西。

讓神先說，隨後讓我們以口頭禱告作為回應。

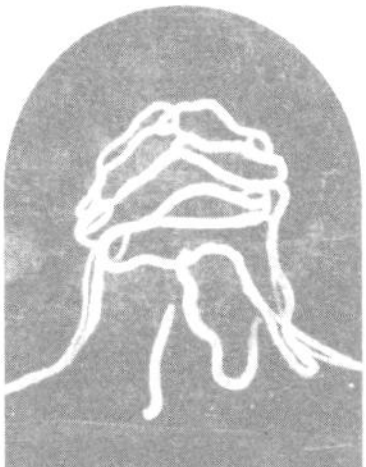

第三章

我們的天父

敬拜

「你們禱告、要這樣說：

『我們在天上的父，願人都尊你的名為聖。』」

馬太福音 6:9

他們曾派遣數百個小隊執行危險的廢奴任務，將奴隸從強迫勞役和不人道的生活環境中釋放出來。現在，在華盛頓特區一個豪華的禮堂裡，國際正義使命團（IJM）正在舉行一個會議，以提高人們對他們最艱巨之正義工作的覺知和倡導。

他們稱之為會議，但實際上是祈禱會。沒有主題演講、沒有要求捐款、沒有呼籲行動，這是一個為期兩天的祈禱會。「讓我們祈求神以超自然的方法，完成以自然的方法看來不可能的事，或至少是緩慢得不可能的事：釋放印度的被奴役者。」[1]

韋恩坐在其中一個毛絨座椅上，禱告得淚流滿面的。上帝稱每個靈魂都是「奇妙可畏的受造」[2]，是獨一無二的創造，帶有

1. 關於當今奴役問題的訊息與統計資料，請參見www.globalslaveryindex.org.

祂的神聖形象。韋恩懇求上帝採取行動，用祂聖潔的雙手，處理祂的孩子們迫切而悲慘的需要。他不是在安全的距離祈禱。韋恩自己也曾為了這些需要而弄髒自己的手；他曾是國際正義使命團的員工，被派去執行廢除死刑的任務。他以親身經驗的能力和憐憫來禱告。

「但問題是，」幾年後的某個晚上，他在客廳喝茶時解釋說，「會議沒有成功。奴隸制在印度仍然是個危機。我無法看出禱告的結果，有任何明顯的不同。」

他繼續說著，似乎是邊說邊大聲提出他的問題。「我這一生都跟隨耶穌，從我懂事開始，我就對我相信在聆聽的神說話。我曾被感動得淚流滿面，也曾高興得手舞足蹈。但現在，身為成年人的我，在基督的驅使下，為了解決世界上一些最嚴苛的苦難，我有一個無法釋懷的問題：神為何不回應那個祈禱？」

就是這樣。他找到了一直盤旋在心中的問題，就像是瘦弱的禿鷹在捕食齧齒動物一樣。

「上帝是全能的，完全慈愛，知道每個奴隸的名字，還數過他們頭上的頭髮，對吧？祂愛正義、恨不義，並應許要打破壓迫的枷鎖，讓被擄的人獲得自由。」

韋恩不再看我。他盯著他下東區公寓的舊硬木地板。他先是對我說話，但現在上帝成了他審問的對象，他說：「這裡有一個禮堂，坐滿了人，他們懇求上帝為自己兒女的苦難做些什麼。而上帝不是無知就是冷漠，或是兩者兼而有之。或者，最可怕的是，祂沒有在聽、沒有在場。因為，如果祂在聽的話，那麼上帝為什麼不回答那個祈禱呢？」

---

2. 詩篇 139:14.

如果你曾經問過這個問題，你很可能正痛苦地回想起自己的版本。如果你沒有問過這個問題或類似的問題，你會的。這只是時間的問題。

以不同的方式禱告

當耶穌的門徒對祂說：「教導我們禱告」[3]時，耶穌不是在回應一群新手。禱告是門徒生活的規律，自從他們出生在古以色列的猶太人家庭以來，就一直如此。如果不是不熟悉，是什麼促使這些門徒說：「教導我們禱告」？

耶穌禱告的方式與眾不同。祂尊重猶太人常用的禱告節奏（稍後會詳細說明），但祂禱告時對神有一種前所未有的熟悉感。祂禱告時的敬畏不只是文化上的，而是真誠而誠實的。祂的禱告是對話，而不只是懇求；祂的禱告是聆聽，可能比說話還多。耶穌就是在禱告中得到指令。祂的眼睛在禱告中被開啟，祂的腳步在禱告中被指引。「我實實在在的告訴你們、子憑著自己不能作甚麼、惟有看見父所作的、子纔能作。」[4]最明顯不同的是，祂的禱告很有力量，能引起神的注意。

當耶穌教導他的門徒禱告時，祂不是教導他們禱告得更多或更努力，而是教導他們以不同的方式禱告。「教導我們禱告」——意思是「像那樣禱告，像耶穌你那樣禱告」。

記住你在跟誰說話

耶穌回答門徒的問題時，不是用指示，而是用示範。祂向他

3. 路加福音 11:1.
4. 約翰福音 5:19.

們示範如何禱告，提供了一個可以學習的榜樣。以下是第一段，耶穌禱告的第一個動作：「我們在天上的父、願人都尊你的名為聖。」[5] 在這句話中，耶穌為禱告奠定了三個基礎：

1. 記住神是誰。
2. 記住你是誰。
3. 記住我們彼此是誰。

記住神是誰

如今，稱神為「父親」很容易被人不當一回事。當你端著點上蠟燭的蛋糕走向餐桌時，它就像「生日快樂」的歌詞一樣，不自覺地從舌頭滾落。這句話已經變得俗不可耐，以至於在接下來的幾句話中，我們無法從中尋找耶穌更精闢的見解。更糟的是，對某些人來說，這個詞的使用，與數個世紀以來，男尊女卑的父權歷史相提並論。

但是當耶穌說出這句話時，門徒們很可能都嘆為觀止。作為他們禱告訓練場所的聖殿，教導他們要帶著無上的敬畏來禱告。猶太人認識神的基礎是《出埃及記》，當時耶和華日間以雲柱、夜間以火柱的形態向人們顯現。[6]在古代，人們關注的大問題不是，「上帝存在嗎？」問這樣的問題是愚蠢的。「上帝當然存在！睜開你的眼睛吧，老兄！他是從沙漠地面延伸到夜空的圓柱形火柱，是我們的引路者！」反之，古代存在的問題是：「上帝可被認識嗎？」因為火柱不會引起懷疑，但也不會提供親密感。

這些門徒所認識的神，是一位有潔淨儀式和動物祭祀的神、

---

5. 馬太福音6:9.
6. 見出埃及記13:21.

一位會降下十災和在門柱上塗血的神、一位分開海洋和降下洪水的神、一位有拯救大手和審判巨手的神——有令人敬畏的力量，卻難以認識。耶穌沒有做任何事來減少對神的敬畏，也沒有做任何事來降低神的能力。耶穌讓人可以認識那位大能的神。

耶穌並沒有把他們介紹給一位新的神。祂非常清楚這一點。「我來不是要廢掉（律法或先知），乃是要成全（律法或先知）。」[7]耶穌用「父」這個熟悉的詞語，向受人敬畏的大能和審判之神祈禱。

這是個吸引人的醜聞。醜聞的原因顯而易見。「你竟敢這樣說！你知道你在跟誰說話嗎！」而吸引人的原因也很明顯：「神是可知的。耶穌很清楚祂是誰，很清楚自己在和誰說話。」

古代以色列人的敬畏在現代西方已經蕩然無存，我們的生活沒有神聖感，也對那些讓門徒們驚嘆的話語感到興趣缺缺。我們的世界與他們的世界相差百萬英里，但我們的心卻是相同的。

現在是我從事牧靈事奉的第二個十年，我可以很有信心地說，現代人在禱告時面對的最大障礙是，無法接受神的愛。我們掙扎著去相信一位大能、良善、可知、慈愛的神，就像耶穌向我們介紹的那位神。「神就是愛。」[8]這是祂的本質，是用來定義祂品格總結的單字。我們在理智上相信這一點，但在更深的層次上，在我們的情感中，在我們的骨子裡，我們不相信這一點。

在《創世記》第三章中，當蛇引誘夏娃時，他的策略很有說服力。「神豈是真說：『不許你們喫園中所有樹上的果子麼』？」[9]有趣的是，蛇的誘惑從來不是以直接的方式表達；他從來沒有

7. 馬太福音 5:17.
8. 約翰一書／若望一書 4:8.
9. 創世記 3:1.

說：「來，試試這果子」或類似的話。相反地，蛇的目標是夏娃對神之品格的信仰。

神對亞當和夏娃說：「園中各樣樹上的果子、你可以隨意喫，只是分別善惡樹上的果子、你不可喫、因為你喫的日子必定死。」[10]翻過這一頁，蛇又重複了這個命令，只是在語氣和重點上做了一些關鍵性的調整。「神真的說：『園裡的樹，你們都不可吃』嗎？」這是最有效的謊言，因為其中有真理的種子。它不是一個徹頭徹尾的謬誤，而是對真理的扭曲，是一種欺騙。在《創世記》第二章中，神展現了祂的慷慨，讓人可以自由地管理園子：「任何樹……除了這棵，它是有毒的」。敵人把這個命令從寬宏大量變成狹隘限制。「神真的說你不能吃園中任何一棵樹上的東西嗎？」他翻轉了命令，讓慷慨的給與顯得吝嗇。他不是要夏娃吃果子，而是在削減她對神的信任。

這裡還有其他的事情，一些看起來屬於技術層次、但又重要的事情。在《創世記》第二章中，神多次被稱為 *Yahweh Elohim*（英文中的「LORD God」）。但每次蛇提到神時，它都只說*Elohim*（「神」（God）），那是神性的抽象名稱，而沒有個人名稱。這就像用頭銜而不是名字來稱呼別人一樣——用醫生而不是蘇珊，用教授而不是達雷爾，用先生而不是爸爸。這是一種尊重，但卻是遙遠的、非個人化的。人際關係越親密，就越不可能用頭銜來稱呼某人。醫學博士的配偶不會稱她為「醫生」，而是直呼其名。我的孩子不會叫我「牧師」；他們會叫我爸爸。蛇巧妙地將神從天父降格為遙遠、吝嗇的獨裁者。祂固然大權在握，卻不可知、不可信。

---

10. 創世記 2:16–17.

夏娃上當了。她用蛇狹隘、苛求的目光來記住上帝原本親切、寬容的話語。

新教徒通常稱耶穌的禱告為「主禱文」（the Lord's Prayer），而天主教徒則簡單稱之為「我們的父」（Our Father）。我不知道天主教徒是否對這點有所覺察。因為禱文的每一行都是從這裡開始的：「我們的天父」，所有的開始和結束都是要我們記住我們在和誰說話。

記住你是誰

夏娃不僅忘記了誰是上帝，她也失去了自己的身分。當她把神想像成「父」以外的東西時，她也把自己想像成「女兒」以外的東西。

給予神的敬拜總是會回饋給我們。當我們抬起眼睛，恢復對神身分的真實看法時，我們也恢復了神對我們的看法。聖經中的信件沒有稱最早的基督信徒為「基督徒」；他們有另一個稱號：「聖徒」。今日，我們傾向於把這個稱號保留給最虔誠的屬靈精英。但在早期教會中，這個稱號很普遍，是耶穌信徒的日常稱呼。這是因為聖經使用聖人這個詞與人的能力無關，而與神的恩典有關。

稱某人為聖人不一定是稱他為好人，只是稱他為經歷過上帝之善的人。[11]當我們記起上帝是誰，當我們體驗祂的美善時，我們也恢復了自己的身分。

我發現英國小說家雷諾茲・普萊斯（Reynolds Price）的定義

---

11. Quoted in Brennan Manning, *The Ragamuffin Gospel* (1990; repr., Colorado Springs: Multnomah, 2005), 25.

很有幫助：「聖人是這樣的一個人，無論他有多少過失，甚至是罪行，他都以身作則，幾乎從來不是用言語來引導我們想像那最困難的事情：神對所有受造物那無縫的愛，包括我們自己。」[12] 敬拜是禱告中的一個境地，在那裡我們發現——上帝的愛是整個受造世界每一寸角落的核心所在，包括我，也包括你。

《詩篇》第 34 篇的作者寫道：「哦，和我當稱耶和華為大、一同高舉他的名！」[13] 當我們稱頌耶和華的名時，祂讓我們想起自己的名——*聖人*。

耶穌在他示範性的祈禱之後，闡述了神的慷慨，將神的真實身分烙印在我們的想像中。「你們雖然不好、尚且知道拿好東西給兒女、何況你們在天上的父、豈不更把好東西給求他的人麼。」[14] 耶穌說，神*想要*祝福你。你明白了嗎？神*想要*祝福你。祂對你的傾向是慷慨。祂樂意給你所需要的，甚至是你想要的。

我四歲的兒子漢克每天都會提醒我：「爸爸，不管發生什麼事，你都會愛我。有時候，他會在我對他某些不可接受的行為施以處罰之後說這句話。其他時候，他會隨口說出來——當我把餐盤放在他面前、送他上學或晚上幫他蓋被子的時候。「不管發生什麼事，你都會愛我的，爸爸。」他不會讓我度過一天而沒有至少提醒我一次。還是他是在問我？這很難說，我覺得兩者都是。「是的，沒錯，小傢伙，」我回答道。「無論如何。」我們都記得彼此的身分。

我們以千百種不同的方式成長。我們變得更成熟、更有責

---

12. Reynolds Price, *Clear Pictures: First Loves, First Guides* (New York: Scribner, 1998) 74.
13. 詩篇 34:3 ESV.
14. 馬太福音 7:11.

任感、更內省。青春期的原始肢體動作會變成自我控制。年輕時肆無忌憚、充滿荷爾蒙的情緒，在步入成年後逐漸穩定。隨著時間的推移，我們對於童年方式的懇求與要求會逐漸成熟為社會規範。我們長大了，這是件好事。

但我們的心是彼得潘，永遠年輕，永不長大。我們永遠不會忘記每天、每小時，有時甚至每分鐘都需要被提醒：「爸爸，不管發生什麼事，你永遠都會愛我。」因為一旦我們忘記了這一點，一旦這一點被稀釋為一個特例，或僅停留在頭腦裡；而我們的自給自足、掌控一切或靠表現取勝的故事卻活在我們的骨子裡，我們的生活就會開始瓦解，我們的信仰也會隨之崩潰。

當我們稱神為我們的父時，我們也同樣記得我們是被完全、獨一無二地愛著的。在我們認識這份愛之前，我們的內心沒有任何事是真正正確的；但在這簡單的啟示之後，我們內心最深層的某些事會變得無可逆轉地正確。當我們在祈禱「我們的父」時，我們其實是在祈求祂今天再次提醒我們，我們是被愛的。

記住我們彼此是誰

當我們對神的信賴消退時，我們與他人的親密關係也會消退。亞當和夏娃曾經「赤身露體、並不羞恥」，[15]但他們本能地開始用無花果葉遮掩。當耶穌教導他的門徒禱告時，讓人震驚的不只是他用來稱呼上帝的名字。他沒有教他們向「我父」祈禱。祂說：「我們的父」，這不僅是關於我們對神的身分，也同樣是關於我們彼此的身分——姊妹和兄弟。我們所有人都是一個家庭、一個血統中的兄弟姊妹。

15. 見創世記 2:25.

我很容易忘記在日常生活中遇到的人的神聖性，而把他們當成我扮演主角的電影背景中的臨時演員。我的妻子和孩子、我辦公室的同事、和我見面的人、在人行道上匆匆走過的人，以及在公車上坐在我旁邊的人，他們全都是臨時演員。當我們對神的信賴破裂時，我們彼此之間的親密關係也會破裂。

禱告是我找回神的真正身分、我自己的身分，以及其他人的身分的地方。正如布倫南・曼寧（Brennan Manning）非常中肯的說法：「如果我沒有與自己被愛的身分連結，那麼我就無法觸及到他人生命的神聖價值。」[16]

我們忘記了神對我們而言是誰，也忘記了我們對彼此而言是誰。祈禱是我們恢復記憶的地方。我們所有的禱告和所有的行為都來自於身分的恢復——神的、我的、他的，以及她的。

願人都尊你的名為聖

Hallowed 這個字的意思是「使成聖、聖潔」，或「分派、聖化、奉獻、獻身」。最接近的常用英文字可能是*榮耀*（*honor*）。「我們的父」提醒我們神的親密；「聖潔」則提醒我們神的獨特、莊嚴，以及無法理解的偉大。

流行思想的鐘擺在耶穌和我們的時代之間擺動。我們因「我們的父」的感性而感到安慰，但同樣也因「願人都尊你的名為聖」的虔誠敬畏而感到反感，這句話本來是會讓古人感到安慰的。正因如此，我們需要主禱文的第二行，就像古人需要第一行一樣。

讚美是一種主動的禱告——尊崇、敬拜、稱呼神的偉大。耶穌教導我們，當我們的嘴唇從沉思靜默的安靜中心位置張開時，

16. Brennan Manning, *Abba's Child: The Cry of the Heart for Intimate Belonging* (1994; repr., Colorado Springs: NavPress, 2015), 39.

我們首先說出的話語應該尊崇接受我們禱告的神。

使成聖。為什麼要從這裡開始？一個全能、完全慈愛、完全自給自足的神，為什麼需要我這個祂憑自己想像創造出來、微不足道的人來告訴祂，祂有多偉大？祂真的那麼沒有安全感嗎？難道上帝是個宇宙自大狂，喜歡閱讀和重讀祂自己的剪報？祂是那麼容易被操控，以至於在提出重大要求之前，稍微潤潤嗓子就能達到目的嗎？遠遠不是這樣。

事實上，這個「尊主為聖」的舉動根本不是為了神的利益，而是為了我自己和你們的利益。為了讓我的禱告有連貫性，我需要從「尊主為聖」開始，因為我們的禱告是從這個世界的背景中發出來的。

下意識地，我傾向於相信世界是一個中立的地方。事實並非如此！世界是一個充滿爭論的地方，幾乎總是有人在敬拜耶穌以外的名字。當你我張開嘴巴開始禱告時，幾乎可以肯定的是，另一個名字正在我們心中被尊為聖——成就、成功、生產力、他人的認同、安逸、輕鬆執行自己的計畫、各種具破壞性的自我意識。當我們禱告時，我們會走出世界根本的現實，進入神根本的現實，所以我們一開始就必須邀請神，重新整理我們的情感。

使徒約翰（若望）得到了天堂的啟示，並把它寫了下來。這是《聖經》的最後一卷，老實說，這本書很離譜。

在寶座周圍的中央，有四隻活物；每隻都有六個翅膀，全身布滿眼睛，連翅膀底下也是。他們晝夜不停地說：「聖哉、聖哉、聖哉、主　神，是昔在今在以後永在的全能者。」[17]

從前到後，甚至翅膀下都長滿眼睛？太奇怪了，不是嗎？

17. 啟示錄／默示錄 4:8.

甚至有點噁心。但神是每個生物的設計者。祂賜給魚腮，使牠們可以在水底呼吸；賜給雀鳥翅膀，使牠們可以在空中飛翔。那麼這些眼睛的功能是什麼呢？就是看。他們的目的是為了尊崇神的名，所以祂賜給他們盡可能多的眼睛，好讓他們能完全看見祂。

而看見神真實的樣子，就會引發不間斷的、永恆的頌讚：「聖哉、聖哉、聖哉、主　神，是昔在今在以後永在的全能者。」他們從未忘記，從未感到厭倦或無聊，從未因神的奇妙而變得過於世故。我們也一樣。

崇拜並不總是我們內心自然流露的結果。事實上，它很少是。它是對這個世界空洞應許的反叛，也是面對環境時的反抗。

禱告是我們的心流向神的一種姿態，而不是對周遭世界的反應。在這第一個動作之後，從主禱文所流出的一切，都是源自於神的名在禱告者心中被尊為聖的自然流露。

門徒對耶穌說：「教導我們禱告」。耶穌回答說：「從記住你們跟誰說話開始」。在聖經中，比起「服從」、「做」、「不做」、「去」，或甚至「祈禱」，我們更常被指示要「記住」。記住。因為在屬靈生命的漫長旅程中，我們往往會忘記，我們容易丟失自己救贖故事的情節。當耶穌教導我們禱告時，他也是從這一點出發。「記住你在跟誰說話」。

記住神是誰。

記住你是誰。

記住我們彼此是誰。

挑戰性的敬拜

「神為何不回應那個禱告？」韋恩凝望著他那間陰暗的公寓客廳的硬木地板，很可能在想像許多仍在印度忍受奴役的無名面孔。他那番坦誠話語中的沉重，彷彿凝結在我們之間的空氣中。

這是一個直截了當的問題，卻沒有簡短直接的答案，我們將在接下來的章節中，繼續探討這個問題。我們現在可以肯定的是，有能力的禱告是從敬拜開始的——當敬拜毫不費力地從我們的嘴裡說出來時，就是敬拜；當敬拜是堅韌的、意志堅定的、甚至是挑戰的時候，就是敬拜。

在《使徒行傳》第十六章中，保羅（保祿）和西拉（息拉）在前往禱告會的途中，醫治了一位亟需幫助的被販賣的女孩，而那些利用她來賺錢的人，卻以虛假的罪名將他們關起來。因此，他們很可能不是在聖殿中帶領禱告會，而是被當眾剝光衣服、用棍棒毆打，然後被關在古代版的單獨囚禁——最內層的牢房，背靠著冰冷的石牆，手和腳踝被鎖得緊緊的，身體幾乎不能移動。

然後，令人意想不到的是，聖經告訴我們：「約在半夜、保羅和西拉、禱告唱詩讚美神，眾囚犯也側耳而聽。」[18]

禱告和唱詩歌？這些人有妄想症嗎？不是。事實上恰恰相反。他們了解挑戰性崇拜的力量。他們開始唱詩並不是因為他們突然陷入興奮、靈感和驚奇的時刻。「願人都尊你的名為聖」是一種渴望，渴望在此時此地見到神，在這一團糟中認識祂的同在。他們開始以歌唱的方式祈禱：「神啊，祢在哪裡？我們想見祢。祢是慈愛的天父。祢應許成為混亂中的庇護所，洶湧風暴中的平靜，被擄者的自由！所以，請祢現身吧。在這裡展現祢自己。」這是來自最內層牢房的無伴奏聖詩會的潛台詞。

這是挑戰性的崇拜。那是最有力的一種。「在喜樂或幸福的時刻與神相遇是相對容易的。在這些情況下，我們會正確地以為

18. 使徒行傳 16:25.

自己受到神的祝福。」心理學家大衛・班納（David Benner）認為：「我們面對的挑戰是要相信，即使在懷疑、沮喪、焦慮、衝突或失敗的時候，這也是真的，並且知道神的同在。」[19] 與我們同在的上帝在我們永遠不會選擇的時刻和在我們總是樂意選擇的時刻同樣存在。「願人都尊你的名為聖」總是在最不可能的地方最有力量。

故事還在繼續：「忽然地大震動、甚至監牢的地基都搖動了，監門立刻全開、眾囚犯的鎖鍊也都鬆開了。」[20]

一環扣一環，到了第二天早上太陽升起的時候，監獄長經歷了救恩，他的全家人都在他自己的浴缸接受了洗禮。保羅和西拉在絕對亂七八糟的情況下，開口向神頌讚。「我無法理解故事中的這一章。我想在這裡見到你，天父。」神在監獄的午夜顯現了自己。當他們在監房中唱詩的時候，他們是把天堂牽引到地上黑暗的角落，而這也改變了氣氛。

在耶穌教導的禱告中，「願人都尊你的名為聖」之後的一句話是：「願你的國降臨。願你的旨意行在地上、如同行在天上。」[21] 神的國度常常令人想到正義、救恩和醫治。但頌揚神是我們將天國帶到地上最顯著的方式之一。

---

19. David G. Benner, *The Gift of Being Yourself: The Sacred Call to Self- Discovery* (2004; repr., Downers Grove, IL: InterVarsity, 2015), 41.
20. 使徒行傳 16:26.
21. 馬太福音 6:10.

練習實踐

記住你在跟誰說話

讓我們的身體和靈魂安靜下來，讓神說第一句話之後，我們現在要以敬拜來打破寧靜，記住我們在簡單禱告的另一端所對話的那位神。有好幾種方法能做到這一點，而它們都是同樣好的。

音樂崇拜

許多人發現敬拜禱告最有效的語言是歌曲。旋律包含了理智與情感、頭腦與心靈。我們用心智來表達關於神是誰的真理，並透過音樂將我們的情感與理智結合。詩歌讓我們用整個人——心智、意志和情感——對神說話。一首簡單的副歌，如「我們是配得的」或「來吧，主耶穌，來吧」，往往會改變我們的禱告內容或禱告方式。

以詩篇禱告

古以色列的讚美詩就在《聖經》的中間。在這裡，我們可以找到 150 篇《詩篇》——賦予我們世世代代屬靈祖先語言的禱文。慢慢地讀《詩篇》（我比較喜歡大聲朗讀，即使是一個人的時候）。當你讀到有共鳴的句子時，讓它成為你自己禱告的跳板。讓古老禱文中的一節或一句成為讚美神為造物主、救贖主、救主或朋友的基礎。

感恩

感恩是一種簡單而有效的崇拜方式。

在基督教傳統中，「省察」禱告為感恩提供了一個有效的框架。這通常在晚上進行，「省察」禱告的開始是與神一起回顧一天的生活，像放電影一樣回放一天發生的事情，為沿途的每一件好事感謝神——早上喝的第一口咖啡、與女兒的歡笑時刻、與同事的精闢對話、大專案取得的進展等等。接下來，邀請聖靈來照亮這一天，讓你看到感覺神近在咫尺的時刻，也讓你看見感到神最遙遠的時刻。儘管神一直與我們同在，但我們對祂同在的意識會減弱。最後，為明天做一個簡單的代禱。

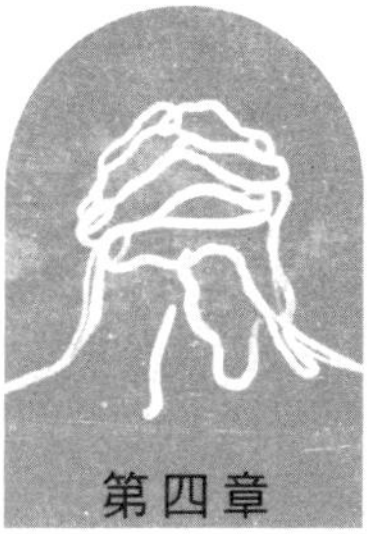

鑒察我、認識我

認罪

耶和華阿，你已經鑒察我、認識我。

詩篇 139:1

一九九五年十月三十一日。那是萬聖節。當時我是二年級的學生，正搭乘校車，夢想著一個月都有糖果吃。我碰巧坐在鄰居的旁邊，他當時正在念幼稚園。

那天我感到非常驕傲，因為我剛完成人生第一本從頭到尾讀完的橋梁書（chapter book）。九月的時候，學樂集團的書展剛結束。不知道為什麼，圖書館裡設置的立牌就像是沙漠裡的海市蜃樓。小學生從未如此渴望閱讀，渴望用超酷的書籤標記自己的頁面，渴望為自己的二號鉛筆挑選恰到好處、大得嚇人、顏色鮮豔的橡皮擦，我也不例外。當書展在城裡舉行時，我短暫地變成一隻書蟲，心中燃燒著一股火焰，只有寫得好的小說才能滿足我。

萬聖節快到了，我自然而然地挑選了最新出版的《羊咩咩》系列。那天上課時，我往前翻，看看第一章還剩多少頁。讀到第三頁時，我已經開始覺得無聊，不知道自己是否還有耐力繼續這段青春期的恐怖之旅。天不從人願，就在這個時候，賈桂琳拿著五本書走到我的桌前。「泰勒，你在看哪一章？」

「第一章。我剛開始看。」

「哦，太好了。我喜歡橋梁書（她是這麼叫的）。再讓我知道你是否喜歡。」

就在那一刻，我確信自己有足夠的耐力完成這趟恐怖之旅。我暗戀賈桂琳。偷偷地說，我懷疑班上的每個男生都喜歡她。如果這本書可以讓我們有更多時間互動，那我就準備好洗個泡泡浴，點上幾支香氛蠟燭，泡上一杯甘菊茶，然後安靜下來，和我的第一本「橋梁書」共度一個有品味的夜晚。

幾個星期後，我看完了，但賈桂琳從未再向我提起這本書。之後，我馬上又回去看電視了。

但是，萬聖節要到了。我在巴士上坐下，轉頭問我旁邊的孩子：「想聽鬼故事嗎？」

「好啊。」

在接下來的十五分鐘裡，我開始根據我的記憶，講述《羊咩咩》裡的每個細節。當我們到達他的車站時，我結束了對話，他的車站比我的車站早幾個街區。

當我打開家門時，他媽媽已經給我媽媽打了電話，告訴我這個消息。「你兒子給我兒子講了個鬼故事；而他很害怕，搖搖晃晃地哭著進來。」

我對那天的情景記憶猶新，因為那是我記憶中第一次感到深深的內疚。我誠心誠意地做了一件事，目的並不是要嚇唬或傷害別人，但卻為別人的生命帶來了痛苦。怎麼會這樣？

高中時，我的脾氣很差，很容易發作。我對弟弟非常憤怒，甚至把自己臥室的牆壁打了一個洞。我們從來沒有把它修好，只是用巴布・狄倫的海報把它蓋上，當做什麼事都沒發生過。

大學時，我第一次獨自在外，這讓我所有埋藏在心底的不安全感浮上檯面。面對突然暴露的脆弱自我，我發現最安全有效的包裝方法就是閒言閒語。只要躲在背後嘲諷別人，我就會感覺很好，覺得自己很自在，被包容、被接納。

在二十歲出頭的時候，我對色情上了癮。我稱它為上癮，而不是「掙扎」，因為它遠遠超出了我的意志力。我並不想這麼做，但當我在聖經學院的宿舍裡剛寫完一篇關於《羅馬書》的論文後，就又在筆記型電腦上搜尋一些東西。

順便說一下，我當了牧師之後，這個問題並沒有消失。

我還記得，作為年輕的青年牧師，每週三晚上，在對初中和高中的學生講道之後，我會發現自己在入睡之前，慾火焚身地盯著我蘋果手機螢幕上的光芒。我還記得自己以錯誤的神學方式禱告，但卻是完全誠懇的祈禱，例如「神啊，請不要因為我的失敗而懲罰那些孩子。」

我結婚之後，這種情況也沒有消失。

你的未婚妻在你的網路瀏覽歷史上發現了不光彩的搜尋是一回事，後續的談話也很糟糕。但在結婚一年之後，坦承你仍然發現自己在相同的搜尋引擎中輸入相同的字詞又是另一回事。而打開你的手機，看到她開啟網路瀏覽記錄，知道她偷溜來檢查，則完全是另一回事。在那一刻，你會意識到你的「掙扎」已經撕裂了你最在乎的關係中的信任，並在你深愛的人身上產生了痛苦和不安全感。

懺悔，以及懺悔之前的內疚和羞愧感，會隨著你的成長而變得越來越不可愛。當一段被誤解的《雞皮疙瘩》（譯註：《雞皮疙瘩》（英語：*Goosebumps*）是美國作家 R · L · 斯坦創作的一系列以青少年為主角和閱讀對象的恐怖小說，最早由學樂集團開始出版）回顧演變成婚姻破裂時，讀起來就沒那麼迷人了。

十多年來，我已經沒有在任何層面上有過任何形式的慾望掙扎了。我在我生命中的這個領域找到了聖經所說的「得勝」。我也發現神讓我的生命充滿了曾經處於同樣的祕密中掙扎的人，因為神經常使用我們的傷口來醫治他人，而不是我們的能力。

此時此刻，不耐煩和憤怒控制了我，如果你把它說得很一般（基督徒牧師養成的好習慣），它有可能聽起來還好。但如果你在房間裡看到我和我太太的一些小爭吵，或是我對我蹣跚學步的孩子洩出憤怒的時刻，它就似乎不是那麼一般了。

在寫這篇文章的十天前，我牧會的群體聚集在一起做午夜禱告和敬拜，開始了一週七天、一天二十四小時、不間斷禱告的難以置信的時期。「復興，是的！來吧！」

但就在那一天，我對我的兒子漢克大吼大叫了三次，我曾向自己保證，我不會再用這種管教方式了；因為對我來說，那是我在釋放我的憤怒，而不是在教導他。

在我走進教會大門進行第一次午夜禱告之前的幾分鐘，我正走在人行道上與克絲汀爭吵，因為我沒有好好處理她的脆弱。現在她哭了，因為我的回應是最糟糕的回應。

「復興，是的！來吧！」不，那天晚上我出現在那裡的時候，是帶著挫敗感和需要而來的。

「慈愛的神，請用你的仁慈在這裡迎接我」。在我帶領的禱告會中，我在前排小聲地說著這句話。神的確與我相遇，不是因為「我如何」，而是「儘管我如此」。

親愛的讀者，我需要你清楚地知道，我是站在懺悔者的一方，而不是赦罪者的一方。你可能已經知道，在認罪的需要上，我和你沒有什麼不同。但重要的是，你要知道我也明白這一點。

懺悔是一種慢舞

想像自己和一群朋友（但沒有攜伴）在婚宴上，隨著亞莉安娜・格蘭德（Ariana Grande）、小賈斯汀（Justin Bieber）的旋律，還有一首受人喜愛的胡椒鹽合唱團（Salt-N-Pepa）的經典復古歌曲，在舞池中肆意舞動。如果你正在享受這樣的夜晚，懺悔就像是那位 DJ 用「你今晚的樣子（The Way You Look Tonight）」或阿爾・格林（Al Green）的深情曲目來緩和氣氛。「這不足為奇。我猜到我們會來到這裡，但我不是特別興奮。我會利用這四分鐘來喘口氣，喝點飲料。」

《詩篇》第 24 章是大衛為了慶祝而寫的一首歌。它的開端是：「地和其中所充滿的、世界、和住在其間的、都屬耶和華。他把地建立在海上、安定在大水之上。」[1]它的結尾是重複的宣告：「眾城門哪、你們要抬起頭來，永久的門戶、你們要被舉起，那榮耀的王將要進來。榮耀的王是誰呢，就是有力有能的耶和華、在戰場上有能的耶和華。」[2]這是得勝的歡呼，因此在第 3 節和第 4 節的這兩句話顯得格格不入：「誰能登耶和華的山？誰能站在他的聖所？就是手潔心清、不向虛妄、起誓不懷詭詐的人。」[3]相對來說，這兩句話有點貶義，你同意嗎？這時候，DJ 轉換到慢歌，舞池裡的人都走光了。

大衛有這樣的習慣。他是《詩篇》大部分內容的作者，也寫了許多名曲，但他總是會偷偷地加入一兩句或三句精明的唱片公

1. 詩篇 24:1–2.
2. 詩篇 24:7–8.
3. 詩篇 24:3–4.

司會刪掉的歌詞。潛台詞是：「誰能登上耶和華的山？手潔心清的人……*那不是我*。」我想像大衛在失敗時曾多次低聲吟唱這句歌詞，然後才高聲唱出得勝的歌聲。大衛最想要的是神的同在。這意味著他在神的聖潔中被洗淨，同時也面對自己的墮落。

如果你想要永生神的同在，懺悔就是交易的一部分——非常好的交易的一部分。

具爭議的共識

「罪」同時是基督教中最具爭議的觀念，也是最普遍認同的觀念，甚至在教會外也是如此。卻斯特頓（G. K. Chesterton）在他的開創性著作《回到正統》（*Orthodoxy*）中稱「罪」是基督教神學中唯一可以真正證明的部分。[4]該聲明發表兩年後，切斯特頓出版了另一本書，書名是《世界怎麼了》（*What's Wrong with the World?*），這年是 1910 年，西方社會有很多關於社會進步的談論。他在這場「進步」的談話中加入自己的聲音，他概括地說：「你們追求的是正確的東西，但卻忽略了診斷的關鍵部分」。他的問題是「這個世界怎麼了？」，而他的答案很簡單：*我錯了*，[5]*我是*這個世界的問題所在。除非我去做，否則這個世界不會井然有序，而這並非原始、保守的宗教思想。佛洛伊德、柏拉圖、馬丁路德金、甘地和耶穌都同意這一點，這只是其中的一小部分。每個人都同意這個世界有問題——每個人。哲學與宗教的差異往往在於用什麼語彙來描述世界的破碎，以及如何修補

---

4. Gilbert K. Chesterton, *Orthodoxy* (New York: John Lane, 1908), 24.
5. G. K. Chesterton, letter to the editor of the *Daily News*, August 16, 1905. See Jordan M. Poss, "What's Wrong, Chesterton?," *Jordan M. Poss* (blog), February 28, 2019, www.jordanmposs.com/blog/2019/2 /27/whats-wrong-chesterton.

這個破碎。「罪」是歷史時代、文化和哲學都能找到共識的地方。

「罪」（Sin）也是一個極具爭議的字眼。多年來它一直被濫用和操控，以至於對某些人來說，當這小小的三個字母出現在頁面上的那一刻，它就被最小化為單一的、主觀的，而且往往是非常合理的痛苦經驗。

聖經中關於罪的觀念並不簡單。它的含義非常廣泛。聖經學者指出，聖經中使用了八個不同的希伯來字，英文卻都是用同一個字 *sin* 來翻譯。聖經中廣泛的定義是以故事的形式來表達，而不是以陳述的形式。

在《聖經》的開頭幾頁中，男人和女人被描述為赤身露體、並不羞恥。[6]這不只是關乎肉體的裸露或嬉皮的解放，而是關乎靈魂的狀態。

翻過這一頁，故事轉向一般所說的「墮落」。罪惡捲入人類歷史。

相信上帝的存在從來都不是我們人類的障礙。跨越不同的文化與時代，比我們更偉大的存在一直是大眾的看法。即使到了今天，在一個後啟蒙、高度懷疑、傾向於解構的社會裡，大多數人還是相信有某個神明在主宰一切。

我們的障礙是，而且一直都是，信任我們所相信存在的神。在故事的早期，亞當和夏娃就開始懷疑上帝對他們有所保留。他們摘下禁果，試圖在神以外過著充實、豐盛、快樂的生活。他們相信自己，而不是他們所相信的神。這就是聖經所說的罪——善良的慾望透過錯誤的方法得到滿足。罪是任何嘗試用我們自己的資源來滿足我們深層需要的簡稱。[7]

6. 見創世記 2:25.

人類對罪的本能反應就是躲藏。亞當和夏娃立刻意識到他們是赤身露體的，於是把無花果葉縫在一起來躲避對方。當他們聽見神的腳步聲走近時，他們甚至躲在灌木叢中，以躲避神。「赤裸無恥」立刻變成了「遮蓋羞愧」。神看見他們躲藏起來（老實說，要跟祂玩捉迷藏遊戲是很難的），祂的心一下子就跌到谷底，口中問了兩個問題：「你在那裡？」[8]猶太教和早期基督教有一個悠久的詮釋傳統，將這個第一個問題視為懺悔的邀請，亞當和夏娃沒有接受這個邀請，導致了第二個問題。[9]「誰告訴你赤身露體呢？」[10]從另一個角度來看，上帝是在問：「誰偷走了我孩子們的天真？」

這個觀察是最重要的，也是經常被誤解的：根據《聖經》的想像，罪的定義並不是一種指控或譴責；它只是一種診斷。它是一次醫生診所之旅，在那裡你描述你的症狀，並發現「這種疾病是有名字的」。疾病的問題在於它妨礙我們做本來要做的事，也就是自由、健康地生活，按照身體的設計來使用我們的身體。

罪的問題不在於上帝有嚴格的道德規範，我們在規範內揮灑就是證明我們站在他那邊的方法。而是因為罪會妨礙我們做我們被造來要做的最好的事——愛——接受愛和付出愛。為什麼罪會妨礙愛呢？因為，正如尤金・畢德生（Eugene Peterson）所下的定義：「罪是拒絕與神的關係，而這種拒絕又滲透到與他人的錯誤關係中。」[11]罪總是個人的，也總是針對神的。我們的罪傷害

7. 我在前一本書中對這一定義有更完整的神學觀點，*Searching for Enough: The High-Wire Walk between Doubt and Faith* (Grand Rapids: Zondervan, 2021).

8. 創世記 3:9.

9. See Gary A. Anderson, *The Genesis of Perfection: Adam and Eve in Jewish and Christian Imagination* (Louisville, KY: Westminster John Knox, 2001), 135–54.

10. 創世記 3:11.

他人的方式就是最初拒絕的抵押品。正如大衛所祈禱的，「我向你犯罪、惟獨得罪了你、在你眼前行了這惡。」[12]我們犯的不是規則或律法的罪，而是對我們的父犯罪。

回到《創世記》第三章的劇情。這令人心碎的場景以這樣的說法結束：「〔神〕又在伊甸園的東邊安設基路伯、和四面轉動發火焰的劍、要把守生命樹的道路。」[13]重新進入神為我們所預備的那種完整、自由、豐盛生命的入口，是被守護著的。亞當和夏娃離開花園往東走，但他們並不孤單，神與他們同行。祂沒有降低聖潔的標準，但是祂會跟著我們。聖經的故事不是一個妥協的神，而是一個關於追尋人的神。

從這裡開始，《聖經》的其餘部分大多是一幅又一幅神追尋愛的圖像。如果你想節省時間，這裡有整本六十六卷書的摘要：我有好消息和壞消息。好消息是，你被愛著——現在就被愛著，沒有條件或限制，無條件地愛著你，以你不能失去的方式愛著你。壞消息是，你很難相信這一點，更難體驗這一點；你的本能是，而且將永遠是，嘗試鼓吹你自己的可愛，以某種你可以定義和控制的方式變得可愛，嘗試在你自己的眼中成為你在神眼中已經是的樣子。好消息叫做恩典，壞消息叫做罪。

我痛苦地親身體驗到，突然意識到自己需要被寬恕是什麼感覺。當指責的聲音在我的腦海裡轟轟作響，我覺得一敗塗地，而我知道那些聲音是對的。我不是一個「手潔心清」的人，[14]我的真實生活是我理想中想成為的樣子的諷刺。而在我暴露的羞

---

11. Eugene H. Peterson, *Christ Plays in Ten Thousand Places: A Conversation in Spiritual Theology* (Grand Rapids: Eerdmans, 2005), 316.
12. 詩篇 51:4.
13. 創世記 3:24.

愧中，我聽見拉比（辣彼）對我低語，就像他對那個犯姦淫的婦人所說的一樣：「我也不定你的罪。」[15]那種愛我似乎無法逃避——它是唯一足以改變我的力量。

如果每次我發現自己面對羞愧，都是一個機會，讓我再次聽到祂的聲音說：「我也不定你的罪」呢？如果我們想要抹去的故事，最後成為我們一直想要傳講的呢？如果當你發現自己在那裡，並不是一個清理自己的機會，而是讓你看到自己真正的樣子，就像祂一直看到你一樣，並且仍然聽到祂稱呼你為「所愛的（beloved）」呢？

神沒有降低聖潔的標準。祂找到一個方法讓我們變得聖潔，而不是取決於我們的表現。恩典得勝。

一起受苦（Co-suffering）

大多數關於我們的罪和神的寬恕之間的交會點的神學闡述，都是百分之百正確，但他們的表達方式卻剝奪了所有的情感和心靈。聖經為我們提供了一位有情感的神，甚至是被祂的情感所感動而採取行動的神。事實上，我們的情緒是天父的反映。但這並不代表我們的每一種情緒都是好的，這表示*有一種方法可以感受到*每一種好的情緒，反映出神的性情。救恩不會減少我們的憤怒、悲傷、希望、熱情或慾望。神的終極目的並不是要把我們變成完美無瑕卻毫無感覺的機器人，救恩贖回人類的每一種情感，使其成為神的神聖形象的反映。

當你和我抱著信念行事時，當我們懷著真心時，很少會是從

14. 詩篇 24:4.
15. 約翰福音 8:11.

深思熟慮、純粹智性所迸發的行動。我們活得最深的是內心，而不是頭腦。我對我孩子的愛、我在婚禮上跳第一支舞時的感覺、我凝視著失去親人的靈柩時那倍感沉重的心情、我在聖誕節早上看著侄女打開禮物時所發出的笑聲——這些都不是從我所解出的理智方程式當中所產生的。它來自更深、更本能的地方，一個情感的角落，就像我的內心深處。

神對於我們的罪及其對我們生命所造成的災害，有一種本能的、直覺式的反應，祂不是冷靜、有計劃的。經文顯示神對我們的狀況有更深刻、更個人化、更感性的回應。《希伯來書》的作者形容耶穌對罪的反應是感同身受：「因我們的大祭司、並非不能體恤我們的軟弱，他也曾凡事受過試探、與我們一樣，只是他沒有犯罪。」[16]

在新國際版聖經（NIV）中被翻譯成「體恤」的希臘字是 *sympatheo* 這個複合字。它是希臘文 *pascho*，意指「受苦（to suffer）」和前綴 *sun*（「與（with）」）的組合，就像我們在英文中使用前綴「co-」一樣。從字面上翻譯，這個字的意思是「同受苦（co-suffer）」。耶穌就是這樣處理我們的罪。祂與我們一同受苦——為我們的思想、行為和不正常的欲望所帶來的後果而苦；在隱藏、偽裝和呈現我們所傾向的自我的過程中所承受的微妙之苦，這種痛苦讓我們永遠處於不安全感之中。因我們與神的疏離而受苦——我們故意與神疏離，因為我們已經厭倦懺悔的罪惡模式，而不是把罪帶到神無盡的愛的光中。

我們的直覺假設是，當一切順利時，我們最接近神。當我活得有智慧、有美德，與祂在我身上和世界上的使命保持一致時，

16. 希伯來書 4:15.

耶穌就在我身邊，存在並幫助我。《希伯來書》的作者說的正好相反。耶穌是在「我們的軟弱」而非我們的強項上與我們最接近。我們被罪腐蝕的心就像磁石的兩極，會被推開，永遠抗拒恩典。耶穌的心未受玷汙，祂的工作方式正好相反。祂被我們的罪所吸引，而不是像數學家一樣，以千百種不同的方式來計算這個方程式，並知道恩典是唯一能滿足變數的解決方法。這是本能。從他的內心，他的原始本能，耶穌想要在我們軟弱的時候，奔赴到我們身邊，在那裡與我們相遇。

同理心通常來自於共同的經驗。當弱者的弱點與我們的經驗相符時，我們就會對弱者產生同理心。耶穌也是如此。耶穌的同理心來自：「〔〔耶穌〕也曾凡事受過試探、與我們一樣，只是他沒有犯罪。」[17]他是一位治療肺癌，也曾罹患肺癌，感受到肺癌影響的醫生，甚至捐出他的一個肺做移植手術；所以你是在跟一位對你所經歷的事有親身經驗的富同情心的醫生談話，而他的身體也曾因相同的症狀而受傷。難道你看不出那位醫治者的深刻不同嗎？那位醫生的關懷、誠懇的關心、和不急不躁的態度，與那只會開藥方的醫生的巨大差別？

耶穌其中的一個名字是偉大的醫生。但若沒有準確診斷，醫生是無法醫治你的。若你去見一位偉大的醫生，卻形容只是「有一般的病」，他們也無法為你做很多。懺悔就是說：「我想要完整、全面地說出我的症狀，因為我想要完整、全面地得到治療。」

17. 希伯來書 4:15.

認罪，發現

大祭司令人震驚的恩典（scandalous grace）是不可能從抽象中被發現的，它必須接近個人的經驗。當不安全感把你壓倒在地而讓你連呼吸都覺得困難，當你的關係破碎，當你在攀登那看似能賦予你價值的高處時滑倒，當你被忽視、誤解，或被你信任的人背叛——正是在那個時刻，耶穌本能地被吸引來到你身邊，感受那刺痛，提供祂醫治的同在，並體會你我的軟弱。

祂分擔我的痛苦，承擔我的處境——*但祂沒有罪*。這就是我們的希望，我們唯一的希望。這位充滿深度同理心的人，同樣也充滿醫治的能力。在我們軟弱的時候，祂永遠與我們同在。

我們該如何接受耶穌的醫治能力？認罪。認罪就是我們轉向祂，看著祂的眼睛，承認祂與我們同在，不是為了審判，而是為了拯救。丹恩・奧特倫德（Dane Ortlund）是芝加哥地區的牧師兼作家，他寫道：「如果你在基督裡，你就有一位朋友，在你悲傷的時候，祂永遠不會從天上降下鼓舞人心的話語。祂不能忍受保持距離，沒有什麼能阻擋祂，祂的心與你的心連在一起。」[18]

在瑪麗・卡爾（Mary Karr）精彩的回憶錄三部曲的第三部《重生之光》（*Lit*）中，她回憶起自己生命中的某個時刻，當時她的酗酒情況變得非常糟糕，而且已經持續了很長的一段時間，以至於她完全崩潰，將自己送進了精神病院。

在那裡的第一個晚上，她焦慮得恨不得想從自己的皮膚裡爬出來，她半夜起身進入浴室，這是唯一允許她獨處、不被監視的地方。在那裡，她跪下來，生平第一次做了一件她以為只有虔誠

18. Dane Ortlund, *Gentle and Lowly: The Heart of Christ for Sinners and Sufferers* (Wheaton, IL: Crossway, 2020), 50.

迷信的人才會做的事——她祈禱。

首先，她釋放了一連串壓抑、憤怒和指責上帝的問題，這些問題在她記憶中一直存在，就是「如果祢真的在聆聽，當……的時候，祢在哪裡？」

最後，在那一連串的怨言、氣喘吁吁後，她開始低聲感激。「感謝我的丈夫，或許在這一切之後，他還會帶我回去。感謝我的兒子，德夫，他在嬰兒時就病得很嚴重，但還是挺過來了。」說著說著，她突然想到，「我走到自己的盡頭，只是因為有人需要我堅持下去，而我做不到。」[19]

卡爾寫道：「透過住院這件事，我在某種深層的意義上等於是認輸了……我不再那麼拼命地試圖搞懂一切，而是開始等待，有時抱著越來越多的期待，等著被引導、被顯露。然後，我突然明白了。我其實是跪在馬桶前，其他酒鬼稱之為寶座。有多少個醉醺醺的夜晚和昏昏沉沉的清晨，我在這個祭壇上膜拜，掏空自己的毒藥。然而，向某種在我之上的東西、某種看不見的東西祈禱，在此之前，這似乎是一種丟臉的行爲。」[20]

她跪在地上，頭靠在康復中心的馬桶座上，褪去她所相信的一切，終於在神面前赤裸。在她的赤裸中，她的羞恥在神的愛中被洗淨。

尤金・畢德生寫道：「神處理罪的方式，不是將它從我們的生命中除去，就好像它是細菌或閣樓上的老鼠一樣。神處理罪的方式不是截肢，就好像它是長了壞疽的腿，使我們殘廢，使聖潔拄著拐杖。神透過寬恕我們來處理罪，當他寬恕我們時，我們就會變得更多，而不是更少。」[21]

---

19. Mary Karr, *Lit: A Memoir* (New York: HarperCollins, 2009), 239.
20. Karr, *Lit*, 276.

大衛發現了寬恕的醫治力量，而這個發現使告解從緩慢的舞蹈變成勝利的舞蹈。大衛在《詩篇》139 篇寫道：「耶和華阿，你已經鑒察我、認識我。」[22]大衛公開邀請神的靈來鑒察他，來挖掘他的內在生命，並揭露他在那裡發現的任何罪。他甚至為此慶祝。認罪是一種可怕的禮物，聽起來好像很矛盾，因為它本來就是矛盾的。

隱藏的另一個選擇是拒絕隱藏。可怕地堅持向神揭露自己。只有這樣，我們才能向無條件的愛敞開自己。有沒有想過是什麼讓大衛成為一個合神心意的人？那是刻在他墓碑上的一句話。但請閱讀他的簡歷。他也是一個騙子、操縱者、通姦犯（也許是強姦犯，取決於你如何衡量證據）和殺人兇手！那麼，他的生命中有什麼使他的心像神的心？只有這一點——他所寫的《詩篇》中充滿了個人的懺悔——在神面前誠實、不經篩選、赤裸裸的認罪。他距離完美還有一段距離，但他拒絕隱藏。當他意識到自己赤身露體時，他沒有拾起無花果樹葉，而是跑向天父。

在《聖經》所出現的古代近東世界，連續不斷的文化都是在舊城市的廢墟上建造城市。人們不用費心開發新的土地，他們只是燒掉以前在那裡的東西，然後在舊城之上建造新城。在近東的考古發掘中，先發現一段歷史，然後再發現另一段歷史，而另一段歷史是在這段歷史之下的一層，然後再發現另一段歷史。彷彿我們需要擦去一個又一個故事上的灰塵。這就是懺悔——挖掘自己生命的層次，不只是發現表面上顯而易見的東西，還要去發掘下面個人歷史的層次，這些層次持續影響著你的現在。

---

21. Eugene H. Peterson, *Tell It Slant: A Conversation on the Language of Jesus in His Stories and Prayers* (Grand Rapids: Eerdmans, 2008), 186.

22. 詩篇 139:1.

我們在現代教會所犯的最大錯誤之一，就是把靈性成熟重新想像成需要較少的認罪。這種不言而喻的假設是，「當我與神的關係提升時，我就會減少認罪，因為我要認罪的事情變少了。」然而，真正的屬靈成熟恰恰相反。它不是一種提升，而是一種考古發掘，因為我們發現了我們內心一直存在的東西的一層又一層。靈性的成熟意味著更多的認罪，而不是更少。成熟是發現我個人墮落的深度，以及神的恩典真正滲透的深度，甚至是在我不知道的情況下。

我們這時代最迫切需要的不是成功的基督徒、受歡迎的基督徒，或勝人一籌的基督徒；而是有深度的基督徒。要成為有深度的基督徒，唯一的方法就是透過稱為認罪的內在挖掘。屬靈成熟的道路是一條向下，而不是向上的路。一個成熟的團體是一個懺悔的團體——不是一個沒有罪，而是一個沒有祕密的教會。

當我們在神的同在中進出聚會的團體時，隱藏著我們最深的需要和祕密，我們基本上是在說：「耶穌的得勝還不夠，這對我來說還不夠，這不夠應付這一切。我只是需要更多的時間，我可以自己搞定這些。」我們要如何對抗那種在我們墮落時種下的內在敘述，它讓我們永遠處於隱藏的狀態，用我們選擇的無花果葉來打扮自己？認罪。我們讓大衛的話語啟發我們的話語。我們以大衛古老的禱告作為我們現在禱告的腳本。你很難在他的禱告中找到不涉及在神面前脫去自己衣服的禱告。

我們說我們相信恩典，但認罪是我們實際相信我們已經相信的東西的方式。我們最想編輯或完全抹去的那些故事片段，卻往往成為我們永遠不會收回、永遠不會停止講述的部分。神就是這樣的作者。

赤裸地復興

尼古勞斯・路德維希・青岑多夫（Nikolaus Ludwig von Zinzendorf）伯爵（沒錯，這就是他的真名），一位二十出頭就坐擁可觀遺產的德國人，在一七二二年將家族產業改建為難民救濟營。他們為這個摩拉維亞小村莊命名為主護村（Herrnhut），意思是「主的守望」，這個小村莊後來成為偉大復興和現代宣教運動的誕生地。這一切都從一個難民村落承諾全天候的禱告（24-7 prayer）開始，一百年來不停的禱告之後，這就是所謂的摩拉維亞復興（稍後再詳細說明）。

不過，這個故事真正有趣的地方不在於復興的故事，而在於復興的起源。如果你閱讀那些難民的直接記述，他們不會對禱告運動如此大肆渲染，他們所說的故事是關於祈禱運動開始的那個不太可能的夜晚。

青岑多夫歡迎一群難民加入神的大家庭，然後給予他們激進的異象——一個早期教會的社群，在此時此地重新活起來。他們想要成為的社群需要每天做出反文化的決定，以他人為優先，而這根本上是違反人性的。很自然地，五年過去了，他們普遍感到幻滅、痛苦、失望、憤世嫉俗、自責，還有很多安於現狀，但卻遠遠不及他們共同的願景。

一七二七年八月十三日，他們聚集在一起參加另一次普通的教會聚會。當他講道時，聖靈以壓倒性的方式降臨，就在那一刻，就在那間會議室，他們開始懺悔自己的錯誤並寬恕對方——沒有但是、沒有解釋、沒有保留——只是說出錯誤並將石板擦乾淨。聖靈如此沉重地降臨，使他們在認罪中停留了幾個小時，實際上是在超自然的經驗中踉踉蹡蹡地走出教會聚會，就像酒館關門時的醉鬼一樣。[23]

那一晚之後的兩個星期，他們決定開始一個禱告會。那個祈禱會持續了一百年。那麼摩拉維亞的復興是如何發生的呢？大多數的歷史學家都說：「祈禱——整件事都是由禱告所帶動的」，這話有很多道理。但根據當時在場的四十八位難民，也就是親歷其境的目擊者，他們會說：「不，不，不。一百年來的禱告只是一夜未經篩選的、醫治性的認罪所產生的流溢。」

復興之所以發生，不是因為大家都同意這是個好主意；復興之所以發生，是因為大家都在彼此面前脫去無花果葉。

布倫南・曼寧寫道：「任何被神重用的人，總是深受傷害……。我們每一個人都是微不足道的人，神呼召和恩賜我們以重要的方式來使用他們……。在末日，耶穌要看我們，不是看我們的獎章、文憑或榮譽，而是看我們的傷疤。」[24]神決志要醫治世界，不是看我們的天賦、見解、想法或資格，而是看我們的傷疤。因他受的傷我們得醫治，[25]也因我們的傷醫治而得以分享。

使你所壓傷的骨頭、可以踴躍

求你用牛膝草潔淨我、我就乾淨，
　　求你洗滌我、我就比雪更白。
求你使我得聽歡喜快樂的聲音、
　　使你所壓傷的骨頭、可以踴躍。（詩篇 51:7-8）

23. See “Story of the Moravians,” Light of the World Prayer Center, https://lowpc.org/story-of-the-moravians; see also Pete Greig and Dave Roberts, *Red Moon Rising: Rediscover the Power of Prayer* (Colorado Springs: Cook, 2015), 75.
24. Brennan Manning, *Ruthless Trust: The Ragamuffin’s Path to God* (San Francisco: HarperSanFrancisco, 2000), 48.
25. 以賽亞書／依撒意亞 53:5.

魯益師在《黎明行者號》（*The Voyage of the Dawn Treader*）中生動地描繪了懺悔的力量。尤斯塔斯（Eustace）是一個小男孩，他在不知道自己在做什麼的情況下，把自己的天真交給了一個騙子，被迫永遠生活在龍皮的覆蓋之下，這是魯益師對《創世記》中無花果葉的神祕再想像。他以前曾多次嘗試把龍皮從自己身上扯下來，卻只見龍皮又長了回來。尤斯塔斯終於累得躺在地上一動也不動，獅子阿斯蘭（Aslan）走了過來，他嚇人但溫柔，就像魯益師所描繪的耶穌。

> 然後，獅子說——但我不知道他會不會說話——「你得讓我幫你把衣服脫下」。我可以告訴你，我害怕他的爪子，但我現在幾乎絕望了。所以我就平躺下來讓他脫。
>
> 他撕下的第一道開口是如此之深，以至於我以為他已經直接刺進了我的心臟。當他開始把皮扯下來的時候，我覺得比以往任何時候都痛。唯一能讓我忍受的就是，感受到皮膚剝落的快感。你知道，如果你曾經撕過瘡痂的話；它痛得要命，但是看到它脫落的時候，又是那麼地有趣……
>
> 好了，他把那野獸般的東西直接剝下來了——就像我以為我自己也剝了三次一樣，只是它們都不疼——它就躺在草地上，只是比其他的更厚、更黑、看起來更結實。而我就像剝了皮的細枝般光滑柔軟，而且比以前更小了。接著，他抓住我，我不喜歡這樣，因為我現在沒有皮膚，下面很嫩，然後他把我扔到水裡。水很刺痛，但只痛了一會兒，之後就變得非常奇妙。當我開始游泳和潑水時，我發現我的手臂已經完全不痛了。然後，我知道原因了。我又變成了一個男孩。[26]

我想要神的同在與大能。我想在我的日子裡知道尼古勞斯．路德維希．青岑多夫在主護村所知道的、保羅在以弗所（厄弗所）所了解的、彼得在耶路撒冷所看到的。我渴慕神在我中間，當下經歷耶穌為我贏得的一切。神對我渴求的回應是簡單、慈愛、直接的：「你必須讓我為你把衣服脫下。」

大衛知道被脫光衣服扔進水裡的感覺——一開始是刺痛，然後是在恢復童真後的自由與純真，那嬉水孩童般的喜樂。在《詩篇》51篇，也就是他著名的懺悔中，他用了四個不同的字來說出他的罪，卻用了十九個不同的字來說明上帝的寬恕。我們犯罪的方式是有限的，但祂的赦免是無限的、無止境的。[27]

「使你所壓傷的骨頭、可以踴躍，」大衛喊道，讓那壓碎靈魂的痛苦、我隱藏在表面之下的祕密、我所背負的重擔，轉化為純粹的喜樂——跳舞、大笑、大叫的那種喜樂。

「你必須讓我幫你把衣服脫下。」

---

26. C. S. Lewis, *The Voyage of the Dawn Treader* (1952; repr., New York: HarperCollins, 1994), 108–9.
27. This idea comes from Eugene H. Peterson, *Leap Over a Wall: Earthy Spirituality for Everyday Christians* (San Francisco: HarperOne, 1997), 189–90.

練習實踐

鑒察與命名

我們一開始就求神鑒察我們，因為祂比我們更了解我們自己。我們可以相信祂會溫柔、慈愛地向我們顯明自己，尤其是我們看不到的部分，那些對別人來說顯而易見，但對我們來說卻是無法察覺的醜陋瑕疵。

一旦我們有了自我省察的空間，並一直倚靠聖靈作為省察的媒介，我們就準備好懺悔了。懺悔聽起來很簡單，也很樸實。無論我們被啟示了什麼，都要大聲地對神說出來。就是這樣。當我們向神說出來時，我們「將它帶到光中」，[28]這會削弱罪的力量，並呼求恩典的力量來醫治和釋放。很多時候，懺悔應該在成熟、可信賴的屬靈友誼中進行，讓懺悔者在聽到福音傳回給他們時得到赦免。

大多數人在進入墳墓之前，從未正視過虛假的自我——那個支配他們思想、感覺和行為的深層機能失調模式。因此，大多數人在進入墳墓之前，從未感受過以真實自我生活的自由，從未將真實自我交給世界和他們所愛的人。離開告解而生活是絕對的悲劇，而不遮掩懺悔則是難以言喻的禮物。

懺悔有兩個部分：鑒察與命名。鑒察是神的部分，命名是我們的部分。

安靜你的身心。靜默等候，向神的靈打開自己，釋放一切可能的干擾。然後以大衛的話祈禱，重述為一個邀請：「主啊，求

28. 見約翰一書 1:5–10.

你鑒察我、認識我。」等待。注意那會出現的情況，注意神如何開始讓你向自己揭露。認罪。

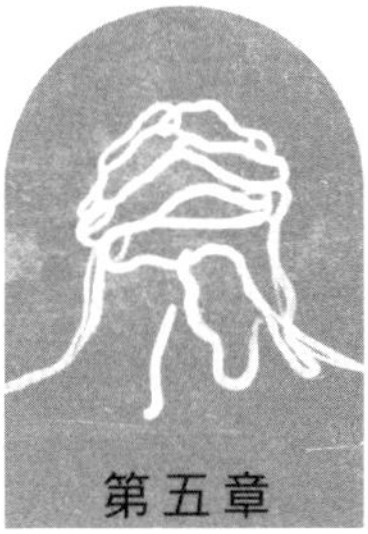

在地上如同在天上

代禱

到那日、你們甚麼也就不問我了，
我實實在在的告訴你們、
你們若向父求甚麼、他必因我的名、賜給你們。
向來你們沒有奉我的名求甚麼。
約翰福音 16:23-24

克絲汀手機的嗡嗡聲讓我分心。那是星期二的晚上，我坐在紐約皇后區的教會聖所裡，裡面放滿了圓桌、金屬摺椅，還有以保麗龍飲料杯盛裝的淡咖啡。我坐的那張桌子旁邊坐著其他幾位牧師和他們的配偶，他們正在花一些時間向一對睿智的老夫婦學習健康的溝通方式，這對老夫婦幾十年來一直做得很好。

在這個特別的晚上，我無法告訴你他們說了什麼，因為我被嗡嗡作響的手機弄得心神不定；最後，克絲汀拿起手機溜了出去。是她的父親庫爾特，他一直拼命想聯繫我們。「醫生剛剛離開病房，凡撐不下去了。」還有很多資訊，但他的聲音在那之後就斷了，被一股情感的洪流哽住了。

克絲汀的哥哥，凡，碰巧也是我最要好的朋友之一（說來話長），幾天前他胸口疼痛，他以為是胃灼熱。他吃了朋友燒烤架上的辣蝦，以為是吃錯東西。

當他到診所尋找抗酸劑時，他以為是胃灼熱，結果卻是主動脈撕裂。他的主要心臟瓣膜在內部快速噴血，他們甚至不確定他是否能撐到醫院。當醫生向凡解釋這一切的時候——他才三十出頭——救護車已經鳴著響笛，快速駛到診所來接他了。

四十八小時之後，范德堡（Vanderbilt）（美國最頂級的心臟病醫院）的主治醫師傳來消息：「他活不下來了。叫他的家人盡快趕過來。」

我們馬上離開教堂，趕緊回家，訂了下一班飛機。第二天早上，當我們到達納什維爾的醫院時，醫療團隊已經掌握了更多資訊。凡被安排接受手術——這個手術殺死他的機率遠大於治癒他的機率，但是他快不行了，這是唯一的選擇。

我坐在他床腳的椅子扶手上，將頭埋進手裡，從指縫中窺視凡的紋身胸膛。在接下來的二十四小時內，他們會從中間切開他的皮膚，剝開他的肋骨。我在那裡向一個我本應與之一同老去的人道別。我帶著滿滿的絕望和恐懼，以及僅有的希望，向上帝傾訴。我祈禱。

這就是故事的開始。故事的結局是這樣的：幾天之後，凡在同一間病房裡，手術成功後醒來，他是醫院史上唯一一個在這種特殊的多次開胸手術組合中存活下來的病人。

主刀醫生進來和家屬談話。他邊哭邊憶述手術室內手術團隊放棄、非正式宣布凡死亡的那一刻。之後，一位只負責遞剪刀給外科醫師的護士學生開始在手術室為他祈禱。隨即，外科醫師找到他過去五小時一直找不到的出血撕裂傷口，凡終於活了下來。

奇蹟。這不是我的用詞，而是那位非基督徒、不禱告的醫生在轉述這個故事時所稱的，他的眼淚快溢出眼瞼了。

是的，禱告使我們靜心，帶給我們平安，幫助我們接受現實。禱告能由內而外改變禱告的人，但是禱告也釋放力量。禱告釋放出力量，為有形世界帶來真正改變。

莫妮卡的兒子

莫妮卡是一位單親媽媽，有一個孩子，是兒子。她是個虔誠的信徒，在孩子還是嬰兒時就為他唱詩歌，每晚都把手放在他的額頭上祈禱。

這孩子長大後，對世界的看法與母親截然不同。青少年時期，他在他們的北非城鎮以好色著稱，經常被人看到在夜深人靜時公開酗酒。他智力超群，最終成了一名哲學家，把所有的精力都用來對抗他母親的基督教信仰。

莫妮卡並沒有放棄。她繼續每晚為兒子的得救禱告，就像她還是個年輕媽媽時，用手撫摸他小小的額頭一樣。當他十九歲那年，她做了一個夢，她相信神應許會回應她為兒子所做的禱告。

為了回應她的夢，她的禱告變得更加強烈。一年過去了，又一年，再一年，沒有任何改變。沒有希望的時刻。沒有改變心意或對信仰的開放。

在那個夢後的九年，他計劃前往以歡樂和放蕩著稱的羅馬。莫妮卡徹夜未眠，虔誠祈求上帝阻止他的旅行。她不知道她的兒子已經改變了計畫，當晚便啟程前往羅馬，就在她祈禱的時候，他已經在路上了。

在那次旅行中，有一天下午，莫妮卡的兒子獨自坐在羅馬的花園中，聽到神對他說話的聲音。莫妮卡的兒子感到很困惑，他打開了他一直努力鄙視和反駁的經文。就在那一刻，他將自己的生命交給了耶穌。

莫妮卡的兒子名叫奧古斯丁，他後來被廣泛認為是歷史上最偉大的神學家，也是早期基督教會之父。禱告釋放了力量。

在驚奇與神祕之間癱瘓

禱告是一個引人注目的奇蹟。神在地上行事是為了回應人類的對話？怎麼可能？怎麼會有如此大能又如此個人化的上帝？這比我們大多數時候敢於想像的還要好。沃爾特・溫克（Walter Wink）自信地說：「歷史屬於代禱者（intercessors），他們相信未來的存在。」[1]

禱告也是一個令人困惑的奧祕。有些讀者會從這些禱告蒙應允的故事中得到啟發和激勵，但至少同樣有許多人也對相同的故事感到困惑，甚至憤怒。

「你的大舅子得到醫治真是太好了，但是為什麼有些人得到醫治，有些人卻沒有呢？那些沒有得到應允的類似祈禱又是怎麼回事？如果我們堅持要慶祝神的作為，那麼誰能解釋一下，神的沉默呢？」

「我真的為奧古斯丁和他媽媽感到高興，真的。但上帝為什麼花了這麼長的時間？為什麼要等幾十年才回答一個祈禱，然後才給予回應？難道有什麼神聖的方程式，正好結合了祈禱的時間加上祈禱的人數加上祈禱的方法，最後才引起上帝的注意？還是神只是在大多數的時間都沒有動機，而她終於在適當的時刻抓住

1. Walter Wink, *Engaging the Powers* (1992; repr., Minneapolis: Fortress, 2017), 322.

了神？在其他情況下，隱藏那種力量多年又有什麼意義呢？這個故事不是更能說明有能力行事的神的殘酷，祂緩慢、冷漠、隨意地執行這種行動；而不是說明神的仁慈，祂會回應禱告來行事？」

我們圍繞的問題是：「我的禱告有任何可見、實在的意義嗎？無論我是否禱告，神是否都會照著祂的方式行事？我的祈求是否只在某種神聖的方程式中改變我的心，或者它們是否帶有改變我所居住的世界中真正的人、條件和環境的力量？我的祈禱是否真的重要？」

魯益師模仿懷疑論者的聲音，提出反對禱告的理由：「即使我同意你的觀點，並承認祈禱的答案理論上是可能的，我仍然認為那是無限不可能的。我認為神根本不可能要求我們人類提供不知情（而且自相矛盾）的建議來管理世界。如果祂是全知的，就像你所說的，祂不是已經知道什麼是最好的嗎？如果祂是全善的，無論我們祈禱與否，祂難道不會這樣做嗎？」[2]

無論我們當中有多少人與火熱的信徒一起慶祝「歷史屬於代禱者」，至少有同樣多的人只是與懷疑者一起聳聳肩膀。這就是我們祈禱的地方——在驚奇與神祕之間癱瘓。

「歷史屬於代禱者」——多麼令人信服的願望！直到我們真正開始禱告，所有的信心和靈感都淹沒在海嘯般的問題、懷疑、困惑和過去的失望中。

不要誤會我的意思，我們很多人都在驚奇與神祕之間那令人癱瘓的空間中祈禱，但我們並沒有以耶穌的方式祈禱。我們的禱告沒有反映出人子的話在任何真正相信的人身上所帶來的睜大眼

2. C. S. Lewis, *God in the Dock* (1970; repr., Grand Rapids: Eerdmans, 1998), 104.

睛與熾熱的力量感。我們的禱告是最安全的那種禱告——那種被動而含糊的禱告，我們永遠無法知道神是否回應了我們。

當作一個思想實驗，嘗試回想上個星期你所禱告的每件事。如果神回答了你每一個祈禱，會發生什麼事？除了少數一兩個特別大膽或天真的人之外，回應通常是很少的。這個介於驚奇與神祕之間的地方，使我們癱瘓。

耶穌的門徒對祂說：「教導我們禱告。」[3]

祂回答說：「所以你們禱告、要這樣說，我們在天上的父……」[4]

大多數人都喜歡開頭這一句。太美了！神，就是眾人的父。

「願人都尊你的名為聖……」[5]

嗯，我們對這部分比較抗拒。這讓上帝看起來有點自戀，但我想，如果造物主有那麼大的能力和那麼多的愛，他就應該得到一些稱頌。所以，我們可以到達那裡。

「願你的國降臨。願你的旨意行在地上、如同行在天上。」[6]

這就是祂失去我們的地方。

禱告是冥想和放下的方法嗎？絕對是。

禱告是一種定心的練習？必要的。

禱告是由內到外改革的管道？當然。

真正有效的禱告？那種能與神聯手帶來救贖和擊退黑暗的禱告？在有形可見的世界裡，在我所接觸的真實人們的生活中，在他們所面對的真實問題上，禱告真的能產生明顯的改變？將天上

3. 路加福音11:1.
4. 馬太福音6:9.
5. 馬太福音6:9.
6. 馬太福音6:10.

帶到地上的禱告？這就是意見四分五裂的地方。這就是祂失去我們的地方。

值得讚揚的是，耶穌盡所能地確保祂不會在這裡失去我們。祂從來沒有退縮或保留祂的說法。事實上，祂一直在說這種話。以下是耶穌就禱告的主題所說的一些話：

> 你們祈求就給你們，尋找就尋見，叩門就給你們開門。（路加福音 11:9）

> 所以我告訴你們、凡你們禱告祈求的、無論是甚麼、只要信是得著的、就必得著。（馬可福音／馬爾谷福音 11:24）

> 你們奉我的名、無論求甚麼、我必成就、叫父因兒子得榮耀。你們若奉我的名求甚麼、我必成就。（約翰福音 14:13-14）

> 你們若常在我裡面、我的話也常在你們裡面、凡你們所願意的、祈求就給你們成就。（約翰福音 15：7）

> 你們禱告、無論求甚麼、只要信、就必得著。（馬太福音 21:22）

> 你們雖然不好、尚且知道拿好東西給兒女、何況你們在天上的父、豈不更把好東西給求他的人麼。（馬太福音 7:11）

如果我們真的認真看待耶穌的邀請，如果我們真的相信耶穌所說的那種禱告，那麼現代教會除了禱告之外，就很難讓其信徒做任何事了。實際上，我們需要去禱告的動機。那是因為大多數人，甚至是最認真、最成熟的基督徒，都不相信耶穌所說的禱告，反正不是完全相信。

禱告絕對是驚奇和神祕的結合，但禱告更是深刻的邀請。我相信，禱告是神在恩典的另一邊提供給我們最深刻的邀請。這個邀請不只是給虔誠的人或幸運的人，它是給我們所有人的。

這種「在地上如同在天上」的祈禱，在技術上稱為「代禱（intercessory prayer）」。根據聖經，我們的英文 *intercession* 一詞來自舊約希伯來文的 *paga'*，而在新約希臘文中則是 *enteuxis*。英文的 *intercedo* 源自是拉丁文，意思是「介於兩者之間。」[7] 無論是在古代或現代的表達方式中，代求的意思都是「介於兩者之間」，即介入雙方之間來調停。用一般的話來說，代禱就是為別人祈禱。

所有真正的代禱背後的動機都是對他人的愛。耶穌所描述的不是現實生活中向宇宙精靈許願的版本，只要你找出其中的公式，偶爾就會成真。祂所談論的禱告是以對他人的愛為起點，並以邀請神的行動進入缺乏愛的地方為終結。代求是一種願意和有意的選擇，從無止境的自我漩渦——我的欲望、我的需要、我的處境——轉向他人的欲望、需要和處境。即使是說出代求禱告的一個音節，也是一種深刻的愛的行動。

理查德・福斯特寫道：「若我們真的愛人，我們對他們的渴

7. See Walter A. Elwell, ed., "Entry for Intercession," *Baker's Evangelical Dictionary of Biblical Theology* (Grand Rapids: Baker, 1997).

求會遠遠超過我們的能力所能給予他們的，這會引導我們禱告。代求是一種愛別人的方式……。代求禱告是無私的禱告，甚至是獻上自我的禱告。在神國持續不斷的工作中，沒有什麼比代求禱告更重要的了。」[8]

神原本的計畫

為了要看見邀請，為了要開始從我們都陷入的癱瘓狀態中恢復行動，我們需要從頭開始。經文所記載的禱告故事可以歸納為四個階段（或時期）：創造、墮落、應許和耶穌。

創造：神所要的生命

回到聖經的開端，在世界之初，神創造了「亞當」，在希伯來文的意思是「每個兒子」或「人」。你和我在《創世記》的英文翻譯中讀到 man 或 mankind 時，我們讀到的敘述是在其他地方翻譯為人名 Adam 的同一個希伯來字。事實上，希伯來字是 *adam*，拼法與英文完全相同。

在《聖經》第一頁上，歷史上第一個人的名字所包含的主張是這樣的：這不只是上帝和一個叫亞當的人的故事；這是上帝和我們所有人的故事。這是每個人的故事。

在有記錄的歷史中，一直困擾著每一位哲學家的存在性大問題是這樣的：「我們為什麼在這裡？」用神學的話來說，則是「我們為什麼被創造？」《創世記》對這個重要的問題提供了一個令人驚訝的直接答案：

---

8. Richard Foster, *Prayer: Finding the Heart's True Home* (New York: HarperCollins, 1992), 191.

> 神說：「我們要照著我們的形像、按著我們的樣式造人、使他們管理海裡的魚、空中的鳥、地上的牲畜、和全地、並地上所爬的一切昆蟲。」（創世記1:26）

你為何會被創造出來？《聖經》的答案是「為了治理」。這並不是一種操縱、渴望權力的「治理」。這是一種「神的形象」（*imago dei*）的權柄，在地上治理，直接反映出神三位一體的特性。人類被造來成為代禱者，與神一同以愛看管世界，被分別為聖，帶著神的權柄，以無私的愛來治理世界。

在希伯來文中，《創世記》第一章中用於*治理*的語言也是賦予國王和王后的。治理是皇室的任務。拉比喬納森・薩克斯（Rabbi Lord Jonathan Sacks）總結道：「我們知道在古代世界中，治理者、帝王和法老被認為是神的形象。所以《創世記》所說的是，我們都是皇族。」[9]

神讓亞當和夏娃成為祂在地上的管理者——神的代禱者，託付給他們作主。《詩篇》115篇直截了當地說：「天是耶和華的天，地、他卻給了世人。」[10]理解這個「給了」地的意義非常重要。神並沒有把地完全拋給人類，塵封祂神聖的雙手，繼續下一個計畫。祂維持*並持續擁有*對自己所創造的活動的主權與最終管理權。但神確實*也做了*與人分擔了管理地的責任。或者用《聖

9. Rabbi Lord Jonathan Sacks, "The Love That Brings New Life into the World: Rabbi Sacks on the Institution of Marriage" (keynote speech, Colloquium on the Complementarity of Man and Woman, the Vatican and the Congregation for the Doctrine of the Faith, Vatican City, November 17, 2014), https://rabbisacks.org/love-brings -new-life-world-rabbi-sacks-institution-marriage.

10. 詩篇 115:16.

經》的話來說，神造我們是要我們成為祂的代禱者。

神以祂的形像創造你我，並賜給我們一個受造物管理。我們居住之地就是我們的任務——將祂的形象傳遍每一寸土地。

墮落：我們實際過的生活

任何深思熟慮地閱讀《創世記》起源故事的人，應該會立刻問一個明顯的問題：「這一切到底是哪裡出錯了呢？」如果神的計畫是讓人們以祂形象的代表來治理祂的創造物，那麼我們做得不夠好，這是比較客氣的說法。

環境正在崩壞，以至於科學家預測了地球上可以支持人類生命的終結日期。自然資源正在從最需要的國家被掠奪，而那些擁有著大量自然資源的國家卻在過度消耗。世界上有一半的人死於飢餓，另一半的人則死於肥胖。因此，對於任何閱讀《創世記》第二章末尾的人來說，一個顯而易見的問題是：「神創造萬物的本意在哪裡出了這麼大的錯？」

經文聲稱所有這些功能失調都是欺騙的結果。你和我失去了我們的本質，我們喪失了作為神的代禱者、神創造的共同管理者的角色。

這個故事似曾相識，撒但引誘亞當和夏娃。他們相信他的騙局，他們按照這個騙局行事。痛苦和折磨進入我們的世界，神與人之間的溝通線也因此斷裂。

《創世記》的衝突有三：（1）你有一個屬靈的敵人；（2）敵人的武器是欺騙；（3）欺騙的結果是癱瘓。在《創世記》第二章賦予了你我管理神所創造的權柄，在《創世記》第三章被撒但篡奪了。

羅素是我一位非常棒的朋友，對美有獨到的見解。當時他正在納什維爾郊外度假。一天早上，他在太陽出來之前就起床，跳上鄉村公路，前往他已經探好路、風景如畫的地方。他的計畫是架起相機，以縮時拍攝的方式捕捉日出——記錄下清晨那巨大的火球，從地平線上探出頭來的奇景。

當天早上，另一位司機發現了他。他的摩托車側倒在路邊，身體橫躺在幾碼外的地方，有呼吸但沒有反應。一架直昇機將他送往醫院，但似乎是徒勞無功的搶救。神奇的是，幾天之後，儘管醫學上有各種理由讓他放棄希望，他的眼睛還是睜開了。他還活著，但是腦部嚴重受傷。

之後的幾個月，羅素一直住在復健中心，努力重新訓練腦部受損的部分，也就是與運動技能有關的部分。他的腦部活動運作正常，但你無法從他的外表看出來。最簡單的日常無意識想法都會在他的腦海中閃過，例如：*動動你的右手*。但是他的手沒有任何反應；它停留在原處，緊貼在他的大腿上。

用我能理解的話來說，損傷就是「羅素的頭和手之間出現了溝通障礙」。他在二十多歲的時候，仍然擁有天才、高創意專業人士的所有智力，但在我第一次去看他的時候，主治護士用手餵他吃冰塊。他的大腦與身體之間的溝通線斷了。

我現在還能記得第一次去看他時他臉上的表情。當護士戴著乳膠手套的手將一片片冰塊從他的牙齒間滑過時，他瞪大眼睛，幾乎是驚恐地望著我。羅素被困在一個無法運作的身體裡，他能看、能想、有欲望，但他的行動癱瘓了。所有的力量都還在，但是意圖和行動之間的溝通線已經斷了。我坐在那兒，同樣緊緊地盯著他，儘管我的眼中不是驚恐，而是充滿了淚水。我非常想要釋放他，但是這把鎖我無法打開。囚禁就在他的身體裡。

這就像《創世記》第三章之後我們的情況，我們被困在溝通的缺口裡。上帝在他的思想和我們的行動間創造了不可分割的聯繫，我們就是基督在地上的身子，[11] 但溝通管道在墮落時斷了。

環顧世界，我們周圍到處都是功能障礙——苦難、痛苦、不公、壓迫——但我們缺乏讓世界恢復正軌、「治理」世界的能力，用《創世記》的語言來說。因為在上帝的思想和我們的行動之間的某個地方，訊號被切斷了。監禁就在我們內心。我們擁有完美、慈愛的上帝的形象和權威。一切都還在那裡；但由於溝通不良，我們陷入了癱瘓。

應許：活生生的勝利

先知以賽亞（依撒意亞）預言中的彌賽亞（默西亞）即將誕生：「因有一嬰孩為我們而生、有一子賜給我們，政權必擔在他的肩頭上。」[12] 神正以我們其中一員的身分來到世上。作者將自己寫進耶穌的故事中。「有一嬰孩為我們而生！」在燭光燦爛的聖誕夜，這句話是一個矚目焦點，但它的意義遠不只如此。「政權必擔在他的肩頭上。」這是政治宣言，這是權威的語言。這是關於治理。以賽亞應許的貼切重述是：「他要來贏回我們失去的角色，修補溝通的漏洞。」

這應驗了以賽亞的預言，耶穌說：「現在這世界受審判，這世界的王要被趕出去。」[13]

你我為何會被創造出來？為了治理。

耶穌稱撒但為什麼？治理者。這是《創世記》的語言。

耶穌應許什麼？贏回我們的治理權。《創世記》的應許。

11. 見哥林多前書／格林多前書 12:27.

12. 以賽亞書 9:6.

13. 約翰福音 12:31 ESV.

在福音書的結尾，在耶穌的生命、死亡和復活之後，祂用一句名言來總結祂的勝利：「天上地下所有的權柄、都賜給我了。」[14] 神贏回了我們的權柄。祂恢復了你和我被創造的地位。祂走進了我們時常感受到的緊張裡，開闢了一條通路。祂讓我們再次成為代禱者。

耶穌：禱告的恢復

在耶穌生命的最後一夜，使徒約翰在與門徒的坦誠對話中，記錄了耶穌所說的最有能力、最令人困惑的話：「我將真情告訴你們，我去是與你們有益的，我若不去、保惠師就不到你們這裡來，我若去、就差他來。」[15]

讀起來就像情境喜劇的分手演說。耶穌直截了當地說：「我去對你們更好。我對你沒有好處；不是你的問題，是我的問題。」他告訴他們，正如艾倫．瓊斯（Alan Jones）所說的：「他很快就會離開他們，而且這次是永遠的離開（兩種意思都是）。」[16]

這可能讀起來像分手演講，但其實與此完全不同。耶穌在談論禱告。耶穌繼續解釋：「到那日、你們甚麼也就不問我了，我實實在在的告訴你們、你們若向父求甚麼、他必因我的名、賜給你們。向來你們沒有奉我的名求甚麼。」[17]

耶穌明白無誤地解釋：「你們已經習慣親自向我提出請求、需要、問題和抱怨，但很快你們就會直接向天父請求，就像你們

---

14. 馬太福音28:18, emphasis mine.
15. 約翰福音16:7.
16. Alan Jones, *Soul Making: The Desert Way of Spirituality* (New York: Harper & Row, 1985), 167.
17. 約翰福音16:23–24.

看見我所做的一樣。」祂說的是禱告。

禱告是神為了讓我們回到祂原來的計畫而開闢的道路。禱告是我們可以治理、管理、為這世界代禱的方法。禱告是修補癱瘓我們的溝通漏洞。菲利普・楊西說：「在所有神可以使用的方法中，禱告似乎是最軟弱、最容易被忽略的。除非耶穌的說法是對的。祂為了我們而離開，作為分享力量的一種形式，邀請我們與神直接相交，並讓我們在對抗邪惡勢力的鬥爭中，扮演重要的角色。」[18]神與你分享祂的力量。祂稱你為天上的共同管理者，在地上行走。禱告就是將這件事從聖經中的傳言，轉化為你實際的日常經驗。

耶穌非常清楚地告訴他的門徒：「直到現在，你們從未真正禱告過，不像我設計的那樣。但當我到父那裡去時，你們會發現奉我的名祈禱」。「奉我的名」這個古老詞語的意思是，「在我的權柄之下」。奉耶穌的名祈禱，就是用已恢復的權柄祈禱。祂代表我們贏回了我們被造時本應擁有但卻失去的權柄。「奉耶穌的名」從來不是只是經驗豐富的基督徒在禱告結尾的一句理所當然的口號。這是耶穌得勝的表現。禱告就是體驗耶穌所擁有的、那與神相連的通道。

新約學者拉里・烏爾塔多（Larry Hurtado）寫道：「奉耶穌的名祈禱⋯⋯表示我們進入耶穌在神面前的地位，並援引耶穌在神面前的地位。」[19]

你不是耶穌。但如果你是耶穌的追隨者，每次禱告時，你都

---

18. Philip Yancey, *Prayer: Does It Make Any Difference?* (Grand Rapids: Zondervan, 2006), 143.

19. Larry W. Hurtado, *At the Origins of Christian Worship: The Context and Character of Earliest Christian Devotion* (Grand Rapids: Eerdmans, 1999), 107.

會穿上治理者的袍子、戴上治理者的冠冕，來到天父面前。從天上的角度來看，你充滿了耶穌的地位和身分。

當神贏回你的權柄時，神就是贏回了禱告。

分享天堂

瑞士神學家卡爾・巴特（Karl Barth）曾經說過：「在禱告中握緊雙手，是反抗世界混亂的起義的開始。」[20]禱告是我們抵制感染了世界和我們的詛咒的方法。

當我們參與代禱時，我們是在上天資源的基礎上愛別人。禱告是天上最高的安全許可證——我們可以自由進入天上的府庫，收集我們所能承擔的一切，然後把它分發給世界。我們是治理者，發號施令，決定如何分配屬天的資源，而代禱就是說：「哦，我們這裡得有了一些。你看，那邊好像少了些什麼。」這是將上帝的資源帶入我們失序的世界，並在我們熟悉的環境中進行分配——在同事、室友、鄰居和陌生人之間；在酒吧、咖啡館和施食處；在高樓大廈、住宅計畫、無家可歸者收容所和監獄。P．T．福斯特（P. T. Forsyth）寫道：「當禱告使我們意識到並確信恩賜多於需要、恩典多於罪時，禱告就達到了最大的目的。」[21]

代禱的禱告同時復原了我們的世界，也復原了神最初所賜予我們的身分。這是復興受造物的積極經驗。

教會最不為人知的祕密

儘管如此，教會史上最隱密的祕密就是，大多數人甚至是大

20. Quoted in Yancey, *Prayer*, 118.

21. P. T. Forsyth, *The Soul of Prayer* (1916; repr., Vancouver, BC: Regent College Publishing, 2002), 12.

多數基督徒，都不喜歡禱告。別誤會我的意思，我們還是會做禱告，主要是因為內疚、義務或我們知道禱告對我們有好處，所以禱告就等同於吃芹菜。

但如果耶穌說，你從來沒有真正禱告過呢？「向來你們沒有奉我的名求甚麼。」[22]如果你從未穿著繼承人的袍子，帶著耶穌的地位和身分來到天父面前呢？如果你從未掠奪過儲藏在天上府庫中的財富呢？如果你從未與神一起推倒詛咒呢？這已經被擊敗了。祂只是在尋找代禱者來實現這已經被保證的勝利。

「等等，那是禱告？我可以為此早起幾分鐘。我會為此改變我的午餐時間。我甚至可以為此不吃一兩頓飯。」

這就是整個故事中最精彩的部分，也是讓我大吃一驚的部分。神不需要代禱者來管理祂的創造。祂不會被管理世界的責任壓得喘不過氣來。祂全知全能，完全超越時間。祂掌控一切。神不需要代禱者；神選擇代禱者。

我們夢想著一位把天上帶到地上的神；神卻夢想著有祈禱的人與祂一同分享天堂。

我再提出一個最簡單的問題：如果神賜給你上星期所祈求的每樣東西，會發生什麼事？

我這樣問的唯一原因是，你是一位治理者，是與基督同在的繼承人，是天上資源的管理者。你在用這些權柄做些什麼？如果我們真的認真接受耶穌禱告的邀請，會發生什麼事？在你身上會發生什麼事？你的社群會發生什麼事？你的城市會發生什麼事？難道這不值得我們找出答案嗎？

---

22. 約翰福音 16:24.

成為我們的禱告

在公車站的長椅上，我坐在迪亞哥旁邊，他的行李箱就放在我們中間。他一心想要逃走，提出了一個模糊的計畫，說他要如何從時代廣場的港務局公車總站，一路逃到波多黎各的聖胡安，他妹妹就住在那裡，而他口袋裡除了零錢，什麼都沒有。這個計畫充其量也只是個虛構的計畫。他打電話給我，要我來跟他道別，但我懷疑他邀請我，其實是為了找個懂事的人來勸勸他。

我是在幾年前認識迪亞哥的，那時他十六歲，剛上九年級。那時候，他的成績一直很差，而且很快就會被退學。他進入高中時只有三年級的閱讀程度。我是經由他的老師介紹而認識他的，他的老師參加我的教會團體，建議迪亞哥需要一個男性的榜樣。

他在 D 大道的住宅區長大，那是紐約市臭名昭著的字母城的最危險區域。考慮到他的出身，迪亞哥的適應能力其實非常好，他不惹麻煩，在學校出勤率很高，是個快樂的孩子。直到他的父親因持有和分銷毒品而被捕。

警方突擊搜查時，迪亞哥就在家裡。他看著他們將他父親的手銬在背後，並向他宣讀米蘭達（Miranda）權利。在接下來的幾個星期裡，他被發現在他們的公寓裡販毒，並為迪亞哥的母親提供充足的毒品供應，這似乎對她的心智和情緒造成了無法彌補的傷害。

被捕後幾個月，迪亞哥的老師才介紹我們認識他。他現在酗酒成性，在學校的表現也大不如前。我不知道如何幫助他。他還有什麼機會？對他來說，跟隨耶穌、讓國度降臨——在他的家人、他的家、他在地上的生活——就像在天上一樣，意味著什麼？

皮特・格雷格寫道：「除非我們允許讓神傷心的事也讓我們傷心，否則代求是不可能的。」[23]我每天在日出前起床，沿著 D 大道步行兩英里，終點就是迪亞哥的大樓。在這些散步中，我按主禱文的主題來祈禱，每一行都成為個人對話的靈感。總是在「願你的國降臨，願你的旨意行在地上、如同行在天上」這句話上停留得最久。當我接近迪亞哥的家時，我特別為他祈禱這句話，在這個特別的夜晚，我走過我們坐過的公車站長椅。

馬太記載耶穌的「主禱文」分為兩組，每組有三個祈求，以「行在地上、如同行在天上」這句話為軸心，將禱文結合在一起，就像書本的裝訂一樣。祈禱文的前半部分讓我們進入神的實境。畢德生指出：「前三個祈禱使我們成為神存在與行動的參與者，」[24]代名詞說明事實——你的名、你的國、你的旨意。你的、你的、你的，最後這三個介詞邀請神來回饋我們——讓我們的雙腳仍然踏在地上時，祂屬天的現實也能進入我們裡面。代名詞的使用有明顯的轉換。賜給我們、免我們、不叫我們。我們、我們、我們。畢德生繼續說：「禱告讓我們深深地、負責任地參與神的所有運作。禱告也讓神深入並改變我們生活的所有細節。」[25]

我完全不知道神會使用我來回應自己的祈禱，但代禱通常就是這樣的。有時候神會驚天動地，彎曲空間和時間，編織超自然的敘事來回應我們的祈禱。但是神總是藉由禱告來改變代禱者他

23. Pete Greig and Dave Roberts, *Red Moon Rising: Rediscover the Power of Prayer* (Colorado Springs: Cook, 2015), 88.
24. Eugene H. Peterson, *Tell It Slant: A Conversation on the Language of Jesus in His Stories and Prayers* (Grand Rapids: Eerdmans, 2008), 181.
25. Peterson, *Tell It Slant*, 182.

們的心。對禱告的深刻回應同樣來自神的獨立行動和神的合夥行動，以改變禱告者並透過禱告做工。代禱通常是關於代禱者在禱告完畢後變成什麼樣子。

禱告。我就是這樣在深夜時分出現在這個公車站。在這些早上的禱告中，耶穌對迪亞哥長久忍耐的愛有一點進入了我的內心，所以當他那天晚上打電話給我時，我知道我不想待在其他任何地方。

凌晨一點左右，看著幾輛巴士駛過後，我說服迪亞哥先睡一覺再做最後決定。一年之後，我開車帶著他往北走了三百公里，把他所有的雜物都裝進了我的車裡。他就讀了加拿大邊境的一所小型州立大學。迪亞哥不僅從高中畢業，還在高三時成為了學生會主席。他是他家裡第一個上大學並在大學畢業的人。

當然，迪亞哥的故事是眾多故事中的一個，並非所有的故事都有童話般的結局。事實上，他的故事仍處於劇情的中段，是一個正在進行中的故事，但他的故事是一個真實的故事，而不是童話故事。在他的故事中，我發現自己是一個有幸且不太可能的參與者。這一切背後的主題是什麼？代禱。

代禱不過是平凡的愛加上清醒的謙卑。我愛迪亞哥，而他的需要超出了我的能力範圍，那麼是什麼填補了愛與謙卑之間的空隙呢？祈禱。強而有力的代禱。那些敢於禱告並持續禱告的人，就能經歷那些於禱告中未被看見、隱藏的勞苦並行的冒險。

布魯克林的禱告之家

在二〇一九年的冬天，我在我的公立中學這塊聖地上走了一圈，以禱告來迎接新年，之後我回到布魯克林（我當時的家），帶領一個由一般激進人士組成的教會，他們夠瘋狂，瘋狂到認真且親自接受耶穌的禱告邀請。

我們在一個改建過的猶太會堂見面。除了後面角落有一組搖搖欲墜的樓梯之外，它只是一個開放式的房間，前面有一個舞台，星期天早上會有一些不堅固的宜家家居的椅子擺放在舞台上。吱吱作響的樓梯爬上去可以通向一個古老年代的小陽台，我們把它改建成兩個房間，都是八英尺乘十英尺。一間是我們人數不多的工作人員共用的辦公室；另一間則成了育嬰室，每個星期天我們將太多的嬰兒塞進小小的房間，裡面只有幾位勇敢的志工。一週的另外六天，這裡都是空的。

我們幾個人開始做夢。如果我們將那間小房間專門用來禱告，會如何？

我們在牆面鋪上牛皮紙，就是屠夫包肉的那種。在一個角落，我們擺放了一個舊的教堂跪椅，木頭上的口袋已經磨破，很多人的膝蓋都陷了進去。上面放著一本聖經，在這個地方，上帝徹底的應許將會變成低聲的個人祈禱。另一個角落有一個水盆和一塊手巾。上方的相框掛著赦罪的經文，這是懺悔、復原、洗淨、變得乾淨的地方。一個十字架靠在牆上，底部的地板上釘著沉重的釘子，讓人沉思恢復這個神聖溝通缺口的代價。門邊的桌子上放著一個金盤子，盤子裡放著幾塊碎餅乾和一杯酒，我們可以在那裡品嚐恩典、寬恕、救贖和復原的故事。育嬰室門外掛了一個牌子：「請脫鞋。您所進入的地方是聖地。」這句話既誠實又滑稽。我們的「聖地」還殘留著前一個星期天的骯髒尿布臭味。這是個普通的地方，無法掩飾。但每一個脫下鞋子走進來的人都讓它變得聖潔，用祈禱的話語填滿了房間的寧靜。

我們從 24-7 禱告運動中得到靈感——一個來自全球各地的喧鬧團體，當時已持續禱告近二十年。[26]我們將每週的六天分成一小時一格的時段，邀請人們報名參加（星期日則是托兒所）。一位運動領袖好心地告訴我：「如果你向會眾宣布前兩個星期沒有人報名，你就沒有機會了。」我們知道一開始會很興奮，但後來就會逐漸冷卻。不幸的是，我們對禱告*想法*的胃口往往比我們對禱告*實際經驗*的胃口大。

我懇求我們的員工、帶領人和最忠誠的會眾在一月中宣布報名之前至少登記一個小時的禱告時間。我們幾乎把那兩個星期的時間都報滿了。雖然不完全，但也差不多了。我們多數人從來沒有關掉手機、關上房門，與神完整、不中斷地談話一個小時。

我報名了第一個小時，在一個星期五的清晨。一小時之後，當我走出來時，我在牆上潦草地寫了一則禱告，除此之外，牆上就沒有其他東西了。我叫了一輛 Uber 直接去機場趕飛機。

一個星期後，當我回到布魯克林，我又溜進去一個小時。我踉踉蹌蹌——這不是誇張，我真的是踉踉蹌蹌進去的。現場一片混亂，一個美麗的爛攤子。牆上貼滿了祈禱文，看起來就像是紋身愛好者的裸背，文字、圖片和經文互相重疊。你從未在教會小組中聽過的誠實的話語，從心中湧出，灑在牆上，等待著神的回應。失去的朋友和家人的名字鋪滿了整個房間，就在底板上方。等待好牧人的救恩祈禱，好牧人為了一隻迷失的羊，捨棄了九十九隻羊。有優雅得讓莫內臉紅的畫作，有粗糙得讓班克斯嫉妒的作品，也有稚拙得可能是幼童手繪出的素描——所有這些在那唯一觀眾的眼中，他們全都是傑作。有懺悔、渴望、希望和恐懼。我被我所愛的社群那最深層的呼喊所包圍，所有的呼喊都懷著脆弱的心敞開自己，等待著回應。我們終於有機會對神感到眩目或

26. Visit the website of 24-7 at 24-7prayer.org.

失望，但兩者都沒有。守門員已被撤下，安全帶已被解開，保險裝置也已啟動。

「好了，上帝。這就是你一直在等待的，對吧？」我這樣祈禱著，聲音帶著震撼。然後，我跪倒在那間小小的房間裡，被這一切的美好所打動。

兩個星期之後，我們擔心會空出來的禱告時間，已經在那一個月不間斷的禱告中被預約滿了。沒有人對一般的禱告經驗失去興趣。事實上，許多人發現，他們渴望更多。

如果我們真的認真接受耶穌的禱告邀請，會發生什麼事？在你身上會發生什麼事？你的社群會發生什麼事？你的城市會發生什麼事？我們決定找出答案。

練習實踐

在地上如同在天上

「願你的國降臨，願你的旨意行在地上、如同行在天上。」這是耶穌教導我們代禱的方式。代禱有兩個動作：釋放和祈求。

願你的旨意成就。這部分的禱告是關於釋放控制權。想一想在你的生命中，你為了控制權而掙扎的事情。說出一件你從未釋放給神的事，或者也許是過去釋放了，但現在想奪回的事。當你想到時，就說出來，然後釋放它。求聖靈充滿來代替釋放、求平安來代替焦慮、求信靠來代替恐懼，如此類推。

在這個禱告中，姿勢是很有幫助的。當你張開雙手時，在手中想像你生命中的某個部分，某個你緊緊抓著並試圖強迫自己意志的東西。當你準備好時，翻轉你的雙手，象徵鬆手，釋放控制權給神，將這些情況放在耶穌的腳前。再次將你的手向上翻，這次你要打開，接受聖靈的果子來代替你剛才所釋放的。

願你的國降臨……在地上、如同行在天上。在釋放控制權並交出自己的意志之後，我們現在可以自由地透過神的眼睛來看我們的生命、我們的關係、我們的社群和我們的世界。正是從這個地方出發，我們以充滿信心和盼望的心祈求。

簡單明確地祈求神的國來到它不存在的地方——與耶穌沒有關係的朋友、我們的城市和世界的需要、困擾或具挑戰性的環境、身體或精神疾病。求耶穌來到你知道神的愛與和平國度缺乏的地方，無論何處。

祈求時，請簡短且具體。當我們祈求時，我們傾向於祈求詞藻華麗、含糊不清的禱告，幾乎就像我們害怕大膽地在祂面前提出我們的要求。抵擋那種想要為神辯護或讓祂好過一點的衝動。祂承擔得起你的請求。只管開口祈求。

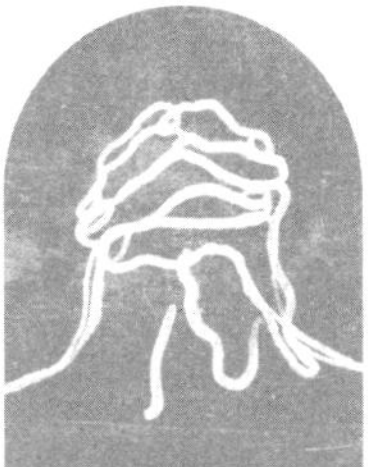

第六章

日用糧

祈求

當然，讚美和感恩總是合宜的。我們最後的禱告肯定都是
讚美——天堂繚繞著我們阿們和哈利路亞的聲音，
所以，學習讚美的音階總是個好主意。但就此時此刻來說，
我們最主要是要祈求。耶穌教導我們如何祈求。
尤金．畢德生，《躍過高牆》（*Leap Over a Wall*）

聖誕節過後幾天，我坐在岳母的休旅車後座上，我們在停車場繞了二圈。龐大的購物中心遍布連鎖餐廳和商店，我們不是唯一一個需要在聖誕節早上交換禮物後快速離開的人。她慢慢地環繞，等著在有人倒車燈亮起的那一瞬間，撲向任何一塊騰出空位的水泥地。

就在這個時候，我聽到她沒有針對特定對象地說了一句話。嗯，嚴格來說，是對某個人說的。她的語氣非常個人化，卻渾然天成。「耶穌，請幫我們找到一個停車位。」

你在開玩笑嗎？我在後座心想。

> 儘管眾所皆知，這種尺寸的車輛會過度消耗有限的天然資源，但我假設我們是為了美觀，才開著一輛不必要的大型車輛，而你們竟敢懇求創造這個世界的上帝幫助我們，讓我們如此漫不經心地掠奪？
>
> 我們要多等大約一百二十秒才能走進去交換幾件我們反正也不需要的衣服。而你要請求上帝幫你，讓你能挑選一些更有品味的衣服，放在我們塞滿的衣櫃裡，而這個上帝要求我們「有兩件衣裳的、就分給那沒有的。」[1]
>
> 今天有六億九千萬人在挨餓，[2]而我們也可能會讓假日冰箱裡滿溢的剩菜變壞，你還要一本正經地要求上帝讓宇宙的弧線朝你購物方便的方向彎曲？你不覺得上帝正忙著解決那些人的飢餓問題，無暇顧及我們等待進入購物商場的時間？

我的內心獨白（謝天謝地，我沒有大聲說出來）被她的聲音打斷了。「太好了！有一個。謝謝你，耶穌！」

這個故事被說得比較誇張，但所有的事實都是真的，而我也並不是那麼讓人難以忍受地散發出批判的氣息。很接近，但沒有那麼糟。祈求的部分，是我們許多人在禱告時被困住的地方。耶穌卻堅持這樣做。耶穌堅持，為「世界饑餓」而祈禱和為「停車位」而祈禱同樣重要。祂堅持一定要這樣。祂在「願人都尊你的名為聖」這種宇宙性的祈禱、「願你的國降臨」這種世界末日式的祈禱、「饒恕我們」這種懺悔性的祈禱、「救我們脫離兇惡」這樣屬靈的祈禱中，加入了「我們日用的飲食、今日賜給我們」[3]

---

1. 路加福音3:11.
2. See "World Hunger: Key Facts and Statistics 2022," Action against Hunger, www.actionagainsthunger.org/world-hunger-facts -statistics.

這個必要的祈禱——實用、因地制宜，而且即時。

禱告，最簡單、最直接的就是求神幫助。但是，我們可以、也應該祈求的「幫助」的準則是什麼呢？當然，有些真誠的請求太自私或不切實際，以至於神對這些請求一笑置之。我的意願在哪裡停止，神的意願在哪裡開始？我該如何以符合神永恆觀點的方式祈求？什麼值得禱告，什麼只是生活？在最後的時日，耶穌真的在乎停車位嗎？

感恩

耶穌教導性、模範性禱告的關鍵點是「在地上、如同行在天上」這句話。這句話隱含了兩種說法。第一，天上是我們禱告的引擎室，我們所能想到的一切祈求，都能在天上找到源頭。第二個主張是，我們在說出我們的祈求時所站立的大地，是行動發生的地方。天上是引擎室，但大地才是我們的祈禱得到回應、顯明的地方。地是天為回應我們的祈求而滲入的大氣層。

當耶穌為門徒和一群閒雜人等闡釋禱告時，祂講了一個鄰居需要、等待麵包的故事。這是真實的語言、大地的語言、誠實的日常語言。也是日用飲食的語言。

今天的基督徒傾向於在禱告中使用委婉的詞語，以及只在「親愛的神」和「阿門」之間才會聽到的詞句。在某個時候，教會發明了一種禱告語言，並傳給我們許多人。耶穌所教導的禱告方式，是邀請我們使用在熟食店的櫃檯、街角、商務會議、與朋友飲酒時所聽到的共同語言。

當我們在禱告中所使用的語言保持腳踏實地時，我們的禱告

3. 馬太福音 6:9–13.

也會保持腳踏實地。平凡的語言讓我們不做崇高的禱告，將神的作為帶到遙遠的想像之地，而是邀請神進入此時此地，進入今日的關懷——我會吃什麼、遇見什麼人、做什麼事，以及一路上的感受。「在地上、如同行在天上」的祈禱。日用飲食的禱告。

耶穌清楚無誤地把禱告從神聖、有彩色玻璃的華麗教堂牆壁中拉出來，放在日常生活的平凡中。禱告不是靈魂昇華到另一個地方；禱告直接處理我們日常裡的基本需要和要求。禱告是關於今日的種種的需求、義務與所享有的特權。

如果我們為全球饑餓問題祈禱，卻忽略了為今晚晚餐買的鳳梨炒飯謝飯禱告，我們就錯失了很多。如果我們祈求環境永續，卻沒有在星期六下午遠足的山頂低聲感恩，我們的神就會在我們的麻煩中變小，而不是變大。如果我們為時裝業東亞工廠的公義祈禱，卻忽略了在 H&M 假日上兩班以賺取生活費的聖誕交換品收銀員，我們就是見林不見樹。如果我們不費吹灰之力就能判斷別人在停車位上的禱告，並確信我們知道無法理解的神的優先次序，那麼我們的屬靈生活就會令人窒息且受到限制，而他們的神卻永遠參與其中、充滿興趣並且臨在。

如果我們只祈求大事，只把我們與神的對話限制在客觀高尚的要求上；我們的屬靈生活就會變得狹窄，幾乎沒有空間讓我們與真正的神在耶穌裡相遇。對於那些能夠容忍為小事祈禱的人來說，感恩是神賜給他們的獎賞。[4]

當我的岳母將車停在停車位上時，她的心中充滿了感恩，而我的心中卻充滿了苦澀。秘魯哲學家、解放神學之父古斯塔

---

4. 這個想法在皮特・格雷格精彩的書中有深度的討論。參見*How to Pray: A Simple Guide for Normal People* (Colorado Springs: NavPress, 2019).

沃．古鐵雷斯（Gustavo Gutiérrez）說，健康靈魂的基本飲食包括禱告、公義和感恩。[5]我有可能（雖然我認為不太可能）對公義有正確的看法，在我自己內心獨白的來來回回中，我對禱告也有相當的看法，但我的靈魂卻因缺乏感恩而萎縮軟弱，而我岳母的靈魂卻健康而寬廣。

獻主會神學院教授羅納德．羅海瑟直截了當地說：「要成為聖人，就是要心懷感恩，不多也不少……。只有一種人可以在靈性上改變世界，那就是擁有感恩之心的人。」[6]

當你想像神的面容時，祂是什麼表情？你想像中的神是否嚴厲、嚴肅、堅決，甚至憤怒？或者你想像中的神是冷漠、不感興趣、麻木不仁？你回答這個問題的方式會讓你了解自己的靈性。諾里奇的朱利安（Julian of Norwich）是十三世紀英國的女隱士，她形容神是「完全放鬆、彬彬有禮，他（神）本身就是他親愛的朋友們的幸福與平安，他美麗的臉孔散發無比的愛，就像奇妙的交響樂。」[7]她想像神在朋友的陪伴中感到感恩與平安，滿足地愛他們，那愛從祂的臉上綻放出來，化作一抹超自然的微笑。

通往感恩的道路就藏在禱告中，藏在我們每天的飲食中。不斷地祈求，無論大事小事都要祈求。「國度來臨」和晚餐前的恩典。當我們以耶穌的方式禱告，讓禱告就像我們日常的閒談一樣普通時，我們就會在感恩的道路上前進一步。

---

5. See Gustavo Gutiérrez, *We Drink from Our Own Wells: The Spiritual Journey of a People* (1984; repr., Maryknoll, NY: Orbis, 2003).
6. Ronald Rolheiser, *The Holy Longing: The Search for a Christian Spirituality* (New York: Doubleday, 1999), 66–67.
7. Julian of Norwich, *Enfolded in Love: Daily Readings with Julian of Norwich*, ed. Robert Llewelyn (London: Darton, Longman & Todd, 1980), 10.

向控制欲宣戰

然而，並不都是花朵與獨角獸。「日用糧」的祈禱也是一種戰鬥的呼喊，是對靈魂最強大的敵人之一——控制的宣戰。不論是九型人格（Enneagram）的數字、MBTI 性格分類（Myers-Briggs）的類型、生命階段或成長環境，每個人都想要得到控制。我們每一個人都活在想控制自己生活的欲望中，無法自拔；我們無可避免地被那個原始的謊言吸引：「你可以成為你自己的神。」

就像各種各樣的墮落一樣，控制欲是一種失序的美好欲望，控制是在靈魂層次渴望豐盛的表面症狀。我們想要過有果效的生活；我們想要在世上做出顯著的改變，以個人和深刻的方式來影響世界。但是，當我們咬緊牙關，將這個願望付諸行動時，結果卻是精疲力竭、不知所措。我所屬的千禧世代，是近代以來最具社會意識、全球觀念，以及正義導向的一代。但我們也是心理疾病最嚴重、長期不快樂的一代。我們這一代人的生活正是我們想要的，我們將我們的能量自由地引導到選擇的全球公益事業中，但我們卻完全無所適從、筋疲力盡、長期焦慮。這些都是美好願望失序的症狀。

許多人無意識裡都有這樣的內心獨白：我想要過一個充滿果實、有意義的人生，但我不確定我是否能信靠神。我可以相信祂是我對神學大問題的答案，但我不確定我的夢想、我的希望、我的計畫，是否都可以相信祂。我最終可以信任祂，但我懷疑我是否能馬上信任祂。所以，我用我所有的力量來控制我的生活——以微觀的方式管理我的周圍、我的感知，以及我的下一步。

當我們將我們的世界觀交託給神，卻不相信自己能將現在的處境交託給祂時，我們就成為控制誘惑的受害者。我們當中有多少人因為試圖用錯誤的方法滿足美好的欲望而疲累不堪、手足無措、一直處於焦慮中呢？

路加對主禱文的紀錄比馬太的短小精悍。在路加的回顧中，只包括五個請求，「日用的飲食」是中心，也是第三個請求，是整個禱告的關鍵。「日用的飲食」是禱告核心的心跳。[8]耶穌教導我們在禱告中包含「給我們」這句話。每天，當我們祈求時，祂讓我們不再沉溺於獨立、不再堅持活在幻想中，以為我們最深切渴望的東西，可以靠自己的力量養活自己。我們的祈求不是小孩嬌生慣養的抱怨，也不是乞丐搖晃零錢杯的乞討；日用飲食的祈禱每天都在提醒我們，我們不是主宰，不是控制者。

禱告以信賴取代控制。神賜予的欲望只有透過神賜予的方法才能滿足。

我想聽你說出來

《約翰福音》第五章有一段很吸引人的故事：耶穌走近耶路撒冷的畢士大池子（貝特匝達水池）。古代人迷信這個池子有醫治疾病的能力；許多人相信，每當池水冒泡時，第一個碰觸池水的人，他們的疾病就會得到奇蹟的醫治。

當耶穌來到池邊時，他遇到一個病了三十八年的人。耶穌提出一個有趣的問題：「你要痊癒嗎？」[9]

這問題既溫柔，又（請原諒我的不敬）完全沒有必要。這不是很明顯嗎？他是一個躺在治癒池邊的殘疾人士。如果你是耶

8. 見路加福音 11:2–4.
9. 約翰福音 5:6.

穌，一個以奇蹟醫治聞名的拉比，一個殘疾的人躺在治療池旁邊，或多或少都是個暗示。

這就像急救人員到達車禍現場，跑到受傷流血的人身邊，問車禍受害者：「你想不想好起來？」「你在開玩笑嗎？我為什麼要說明已經這麼明顯的事情？」

這個問題本身當然沒有必要，因為耶穌是看不見之神的形象。上帝——那位在我們開口祈求之前，就已經知道我們需要什麼的神（這句話正是耶穌親口說的）。[10]因此，當耶穌對瘸腿的人說：「你要痊癒嗎？」其實就像是在說：「我想聽你說出來。」

同樣的場景再度重演：當耶穌在迦拿（加納）的婚禮上化水為酒，當他使會堂領袖睚魯（雅依洛）死去的女兒復活，當他使瞎子巴底買（巴爾提買）的眼睛重見光明時。[11]耶穌一次次地提出問題，邀請人們向祂表達他們真正的渴望。「我想聽你說出來。」在行動之前，耶穌會先尋求同意。

從頭到尾，聖經在提到禱告時都全面地指出這一點：神要我們祈求。祂要聽你我說出來。正如查爾斯．司布真（Charles Spurgeon）指出，這個規則甚至適用於耶穌自己：「記住，*求是國度的規則*……。記住這段經文，耶和華對祂自己的兒子說：『你求我、我就將列國賜你為基業……』（詩篇2:8，司布真在他的講道中引用 KJV 版）。如果那位尊貴且神聖的上帝之子都不能免於必須祈求才會得著的規則，你和我也不能期望這個規則會因為對我們有利而放寬。」他的結論是：「如果你可以藉著祈求而得到一切，不祈求就得不到任何東西，我懇請你明白，禱告是何

10. 見馬太福音6:8.

11. 見約翰福音2:1–10; 馬可福音5:21–43; 10:46–52.

等的絕對重要，我也懇請你多做禱告。」[12]

為何神如此執著於祈求？若祂在我們問祂之前就知道我們需要什麼，為何祂還要我們問祂呢？我相信神堅持要聽我們說出他已經知道我們所需要的，主要有兩個原因：關係和賦予能力。

關係

聖經故事的開始是關係。當什麼都還不存在的時候，完美的關係就已經存在——一個完全足夠的三位一體的神。創造是從那種愛的關係的豐盛滿溢中誕生的。我們看到與神創造欲望最相近的是一對幸福的夫婦，他們為自己的結合感到喜出望外，於是決定要生小孩。「如果你的一點點和我的一點點造出一個完全自由、獨立的生命，讓我們分享的愛能夠向另一個人表達和傳遞，那不是很奇妙嗎？」我想這就是上帝按照自己的形象創造男人和女人時，心中的動機。

聖經故事的結局是關係。目前，教會的工作包括宣教、傳福音、堅忍不拔和推動公義，但有一天所有這些事情都會被廢除。用最簡單的方式說，天堂，就是永遠與神同在，沒有任何要做的工作。使命已經完成，傳福音已經完成，公義是永恆的現實，堅忍不拔也不再需要。神的終極目的只是與你同在，永遠享受你，永遠被你享受。

溝通對於人際關係來說是不可或缺的，尤其是因為祈求永遠伴隨著脆弱。當你向任何人請求任何事情時，都會冒著被拒絕或至少是失望的風險。除非我們向神祈求，否則他不會讓我們失望

12. Charles H. Spurgeon, "Ask and Have: No. 1682" (sermon, Metropolitan Tabernacle, Newington, London, October 1, 1882), www.spurgeongems.org/sermon/chs1682.pdf, italics in original.

或驚訝。如果不祈求，我們無法與神建立信任；如果我們從不祈求，就無法與神建立關係。沒有祈求，神就不是一個自由、有關係的存在，祂只是一部滿足我們欲望的機器，甚至可能在我們意識到自己想要什麼之前就已經回應。而祈求是我們與神建立關係的方法，這正是祂創造我們時所設計要去享受的關係。

耶穌說了一個關於禱告的故事，這個故事出人意料地平凡，甚至有點無禮：

> 耶穌又說、你們中間誰有一個朋友、半夜到他那裡去說、朋友、請借給我三個餅，因為我有一個朋友行路、來到我這裡、我沒有甚麼給他擺上。那人在裡面回答說、不要攪擾我，門已經關閉、孩子們也同我在床上了，我不能起來給你。我告訴你們、雖不因他是朋友起來給他、但因他情詞迫切的直求、就必起來照他所需用的給他。（路加福音11:5-8）

對於禱告的神祕行動來說，這個故事似乎太普通了，但就是這個故事，直接來自耶穌的神聖想像，為祈求做了最好的勾勒。

這個故事是關係性的，就像按鄰居的門鈴，向她借點酸麵種或幾個額外的麵包，來應付已經開始的夏季烤肉派對一樣舒服的關係。與神交談並不是與白鬍子老僧侶尷尬地見面，嘗試想出一些深刻的話來說。禱告就像閒聊一樣隨意。祈求是禱告最親密的體驗。

賦予能力

關係是神的終極目標，而賦予能力則是祂達成目標的計畫。耶穌不只是來救贖世界，也是來邀請我們這些墮落的人參與救贖。也許沒有什麼方式比祈求更能賦予人力量了。

理查德・福斯特寫道：「我們並沒有被鎖在一個預設的、決定性的未來。我們的宇宙是開放的，不是封閉的。我們是『與神同工』……與神同工來決定事件的結果。」[13]這一定會讓一些讀者感到不安，但只要看看《聖經》就會發現，對於透過禱告來賦予能力這件事，其實是一個令人震驚的《聖經》的宣稱。

在《出埃及記》第三十二章中，我們可以一窺摩西（梅瑟）的禱告生活。首先，神對以色列人非常不滿，而且祂的憤怒是有根據的；在把他們從奴役中釋放出來、打開紅海、用天上的糧食餵飽他們、用磐石中的水解決他們的口渴之後，他們卻開始敬拜另一個神。神說出祂的憤怒，摩西禱告回應，基本上是呼喚神回到祂自己的性格：

> 求你轉意、不發你的烈怒、後悔、不降禍與你的百姓。求你記念你的僕人亞伯拉罕、以撒、以色列，你曾指著自己起誓說、我必使你們的後裔像天上的星那樣多、並且我所應許的這全地、必給你們的後裔、他們要永遠承受為業。
>
> （出埃及記32:12-13）

摩西要求神遵守祂的話。他在提醒神誰是神：「依祢自己的樣子。」他不只是懇求神給他想要的；他更像是在提醒神，神真正想要的是什麼。

讓我們看看神如何回應：「於是耶和華後悔、不把所說的禍

13. Richard Foster, *Prayer: Finding the Heart's True Home* (New York: HarperCollins, 1992), 50–51.

降與他的百姓。」[14]等等，什麼？摩西與神對質⋯⋯並贏了？是的，差不多就是這樣。

relented 這個字是希伯來字 *naham* 的翻譯，也可以翻譯成「改變主意」或「悔改」。上帝改變了主意。上帝悔改了。真的嗎？聖經上真的是這麼說的。[15]

這並不表示上帝陷入罪中而去懺悔。*Naham* 不是表示上帝做錯了，它的意思是神被感動了。摩西的禱告在情感層面上感動了宇宙的創造主。這是聖經所教導的。

亞里斯多德有句名言，稱神為「不動的推動者（unmoved mover）」。摩西祈禱的神更像是「被感動的推動者」。祂撼動天地，但祂也被觸動。祂聽見我們，祂真的聆聽、真的關心，祂會回應。這個關於神的想法看起來可能相當激進，但那只是因為我們許多人對神的概念是來自於亞里斯多德而非摩西。

別誤會我的意思，這裡有很多神祕之處、有許多未解的問題。當然，摩西就是這樣，但是瑪拉基（瑪拉基亞）呢？他聽到神說：「我耶和華是不改變的。」[16]但還有何西阿（歐瑟亞），神對他說：「我回心轉意、我的憐愛大大發動。」[17]這兩個神的啟示怎麼可能同樣真實呢？因為神是一個需要認識的關係存在，而不是一個需要掌握的公式。

談到任何關係性的存在，我們必須對神祕感感到自在。我們永遠不會對任何人透徹了解到沒有任何神祕感的地步。我會在有

14. 出埃及記 32:14.

15. This idea was explored by John Mark Comer in *God Has a Name* (Grand Rapids: Zondervan, 2017), 61–62.

16. 瑪拉基書 3:6.

17. 何西阿書 11:8.

生之年認識並愛我的妻子，但我永遠無法徹底地瞭解她。我永遠不可能消除最親密關係中的神祕感。

當然，從摩西的這一個禱告來形成整體的神學是很危險的，但是這段經文有一個確實的聖經模式支持：神會以祂的性格來回應，那是祂的本性。約翰・馬克・寇默的結論是：「神比較像是一位朋友，而不是一個公式。」[18]

現代教會的傾向是，剝奪聖經的神祕性，並將其簡化為抽象的原則。這種趨勢會讓人在讀到《出埃及記》第三十二章時想到：*哇，摩西和神在那裡真的有特別的東西*，然後繼續向亞里斯多德的神半心半意地祈禱，好像摩西是某種超級明星，與我們有不同的途徑接近神。事實上，耶穌說的正好相反：「在我天國裡最小的，比在我之前來的還要大。」[19]說得直白一點，就是「在神的眼中，你比摩西大，因為你禱告時帶著耶穌的權柄。」

《聖經》不是一本告訴我們其他人如何與神連繫的書，它是一本歷史性的書。它是神與祂子民互動的歷史記錄，應該為神與我們的互動建立基礎與期望。摩西的禱告清楚地告訴我們，神聆聽、神關心。事實上，神是如此關心，以至於祂會因我們的禱告而感動。

達拉斯・威拉德寫道：「神對我們祈禱的『回應』並非虛偽。祂不會假裝祂在回應我們的禱告，其實祂只是在做祂無論如何都要做的事。我們的祈求確實會影響神做或不做的事。」[20]

對那些認為這只是《舊約》的例外，在摩西之後，神變得

18. Comer, *God Has a Name*, 62.
19. 馬太福音 11:11，我的意譯.

更有骨氣，學會站在自己立場上的人，請向《新約》作者雅各請教，他以牧師的口吻對一般信徒寫道：「你們得不著、是因為你們不求。」[21]

神與祂的兒女白白分享祂的能力，這是《新約》中無法逃避的現實。當然，很多時候神會使用長時間的等待，甚至隱藏能力，來形成禱告者內在生命中某些重要的東西。但同樣地，神也會使聚集的教會腳下的聖殿地板震動、使癱瘓的人站立、醫治生病的人、釋放上癮的人、拯救被鬼附的人，以及打開被囚禁者的牢門。

好的禮物

耶穌總結他關於祈求的教導時說：「你們中間、誰有兒子求餅、反給他石頭呢，求魚、反給他蛇呢。你們雖然不好、尚且知道拿好東西給兒女、何況你們在天上的父、豈不更把好的禮物給求他的人麼。」[22]

在我們祈求時，耶穌以神對我們的心作為說明，祂提供了一個父親的形象，神喜歡給予祂的孩子所需要和想要的東西。在我們這個充滿明顯的破碎和需要的世界裡，神不僅喜歡贖回錯誤，也喜歡賜給我們美好的禮物。

我清楚地記得去年的某一天，我從非常漫長的一天中回到了家。在一天之內，我參加了一個為了對抗美國仍然普遍存在的系統性種族主義而動員的部長會議。我與紐約市最大的因應糧食不

---

20. Dallas Willard, *The Divine Conspiracy: Rediscovering Our Hidden Life in God* (San Francisco: HarperSanFrancisco, 1998), 244.
21. 雅各書 4:2.
22. 馬太福音 7:9–11.

安全的捐贈者談到，由於布魯克林區的飢餓危機日益嚴重，希望讓當地的食物儲藏室全面運作。我輔導一對夫婦，幫助他們解決婚姻中發現的不忠行為，這些行為造成信任破裂和深深的痛苦。看著這個墮落世界的破碎和需要，當電梯門在四樓打開，我從口袋裡拿出公寓鑰匙時，聽到孩子賽門從裡面傳出的聲音：「爸爸回來了！」我一進門，他就跑過來抱住我。漢克從房間裏出來，立刻問：「爸爸，我們今晚能吃冰淇淋嗎？」我想都沒想就回答：「好啊，小伙子，我們今晚吃冰淇淋吧。」

這個世界亂成一團。我盡力多給出幫助，少造成傷害。然而，面對這些破碎和需要，我仍然喜歡給我的孩子們冰淇淋。我喜歡對他們想要的東西說「好」。

神是我們的父親。祂有很多事情要處理——比我們的思維在任何特定時刻所能掌握的多得多。祂仍然喜歡給我們想要的東西，即使是停車位。

祈求吧。祂只想要我們這麼做。

練習實踐

我們日用的飲食、今日賜給我們

耶穌在禱告中說，天上要降臨到地上，要與邪惡搏鬥，在這段禱告中，耶穌竟然拋出一些就像今天午餐一樣普通的東西。因此，讓我們榮耀祂，提出我們日常平凡的要求，因為我們知道祂也珍惜這些要求。

花幾分鐘的時間為你生命中特定的需要和願望禱告。我特別要挑戰你為那些你認為太小而不值得向神提出的事祈求——你非常希望工作會議順利、你幾乎不相信神會滿足你的需要、你不斷查看收件匣的電子郵件回覆、你剛出價的房子，或是你的銀行戶頭中沒有足夠的錢來支付的支票。

脆弱地祈求，要夠具體，讓神有機會讓你失望或給你驚喜。大膽地祈求，要有足夠的能力，讓你好奇自己是否被允許與神一起如此前進。

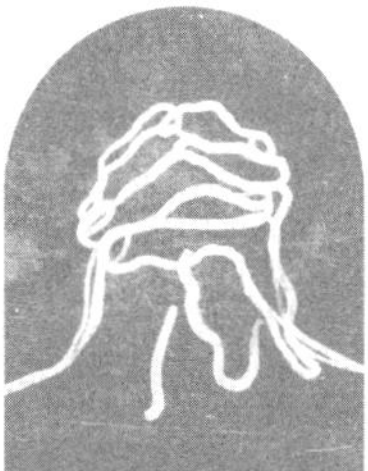

第七章

關身語態

禱告即參與

靈修的假設是，神在我知道之前，已經先在做某件事。

因此，我們的任務並不是要讓神做一些我認為需要做的事，而是要意識到神正在做什麼，好讓我能回應、參與並喜樂其中。

尤金・畢德生，《靈魂的牧者》（*The Contemplative Pastor*）

我們一進去，就像在流行音樂會的擁擠人潮中，只是這些人是擠在門口禱告。

艾琳娜回憶她最近的孟買之旅，她排了將近一小時的隊才進入西德希維納雅克寺（Siddhivinayak Temple），那是供奉印度教傳統中受人尊敬的神祇格涅沙（Ganesha）的寺廟。那是一個工作日的中午，寺廟比美國黑色星期五的郊區商場還要熱鬧。她和丈夫最近剛從印度旅行回來，這就是她無法放下的經歷。我們四個人圍坐在我家廚房的桌子旁，面前的中式外賣盒冒著熱氣，但沒有人吃一口。

「我和一位體弱的老婦人擦肩而過。她應該有八十多歲了，她在外面曬了很久的太陽才進來的。」艾琳娜繼續說著，大聲地和我們一起回想著這段經歷。「現在，她放聲哭泣，淚水從她的臉頰流下來，用我聽不懂的語言嚎啕大哭。她不是一個人這樣。大家都是如此。他們每一個人都以比我向耶穌祈禱還要絕望和渴望的心情，向一個我甚至不相信存在的神在祈禱。」

當我們看到人們對假神的禱告比我們對真神的禱告還要虔誠，我們的信心就會受到震撼。艾琳娜正因為這樣的經歷而震撼不已。她遇到了最原始、最活躍形式的禱告。

有趣的是，很可能就在對街或一個街區之外，你就會發現印度教的寺廟裡充滿了同樣虔誠的人們，他們以幾乎相反的形式祈禱。印度教徒在某種程度上如此，佛教徒尤甚，是透過安靜、虔誠的冥想來祈禱的。祈禱的目的是自我放空——放開自己，臣服於神聖的他者，一種超越自我的開悟的平靜與安詳。這是禱告最被動、最理智的形式。

絕望的哀號與安靜的靜默，主動與被動。兩者都是禱告的常見表現。

大多數人都知道主動式的禱告——嘗試要神採納我們自己的意願。我們通常懷著良好的動機，嘗試迎接神的行動。我們提出最好、最有說服力的理由，背叛了我們需要說服神做某事的假設。我們大多數人也知道被動式的禱告——嘗試讓神存在，讓我們自己單純地存在，我們沒有要求什麼。事實上，我們可能是在嘗試放空自己的渴求，嘗試達到與現狀和平相處的狀態。

聖經本身就記錄了積極禱告的例子。法利賽人在個人道德的背景下祈禱，他們相信只要整個猶太民族能在一天內順從《托拉》（Torah）的 613 條命令，神的國度就會來臨；其背後的假設是，有一個我們能破解的密碼。只要你是真心的，再加上證明你是真心的，神就會聽你的話。

那些厭倦這個騙局的人，通常會轉向被動的禱告。禱告試圖放空自己，讓自己變得空洞，與宇宙和諧相處。然而，從聖經的角度來理解，默想不是要倒空，而是要被充滿——被天父祝福、被基督穿戴、被聖靈充滿。

主動或被動的禱告，都不是耶穌禱告的方式。

關身語態（The Middle Voice）

耶穌用畢德生所謂的「關身語態」[1]禱告。在主動語態中，我（主體）是行動者，我啟動行動，「我提出建議」。在被動語態中，我（主體）是被動者，我接受行動，「我被給予建議」。在新約原文的古希臘語中，還有第三種說法——關身語態，「我接受建議」。關身語態的意思是：「我是一個積極的參與者，但這個行動並不是從我開始的。我正在加入另一個人的行動。」

古希臘語就像拉丁語一樣，已經被歸類到圖書館和研究生課程中，成為學術研究的語言，而不是朋友間的普通談話。當我們學習耶穌教導我們的禱告方式時，這帶來了一個相當大的問題，因為在英文中，我們不是用主動語態就是用被動語態來說話，但禱告是用關身語態來說的。畢德生的著作對於定義這些詞彙很有幫助，他寫道：

> 禱告與靈修的特點是參與，神與人的複雜參與，祂的意志與我們的意志的複雜參與。我們不會在恩典的溪流中放棄自己，淹沒在愛的海洋中，失去自我。我們不會拉弦，啟動上

---

1. Eugene H. Peterson, *The Contemplative Pastor: Returning to the Art of Spiritual Direction* (Grand Rapids: Eerdmans, 1993), 105.

> 帝在我們生命中的運作，使上帝受制於我們堅定的身分。我們既不操縱上帝（主動語態），也不被上帝操縱（被動語態）。我們牽涉在行動中，參與其結果，但不控制或定義它（關身語態）。禱告是以關身語態進行的。[2]

關身語態的意思是我是主動的參與者，但行動是由另一個人開始的。我們參與行動，並從行動中得到益處；我們不是完全主動的。神的行動並不取決於我們的主動性，我們也不是完全被動的。神自願選擇，幾乎完全與人合作行事。當我們禱告時，我們既參與神的行動，也從神的行動中得益。我們與神同行。我們在禱告中與神的所有互動都發生在這裡——關身語態，參與的語氣。

耶穌不僅教導我們這種禱告方式，祂也活出這種禱告方式。例如，耶穌在《約翰福音》第十七章的禱告：「我不但為這些人祈求、也為那些因他們的話信我的人祈求，使他們都合而為一，正如你父在我裡面、我在你裡面，使他們也在我們裡面、叫世人可以信你差了我來。」[3] 因此，一個由神開始的行動（「正如你父在我裡面、我在你裡面」），耶穌要我們加入並參與其中（「使他們也在我們裡面」）——其結果是世人會看到並相信。這就是關身語態的禱告。

耶穌一直這樣禱告：「你所賜給我的榮耀、我已賜給他們、使他們合而為一、像我們合而為一。我在他們裡面、你在我裡面、使他們完完全全的合而為一，叫世人知道你差了我來、也知道你愛他們如同愛我一樣。」[4] 再一次，這個由神開始的行動（「你

---

2. Peterson, *Contemplative Pastor*, 104.
3. 約翰福音 17:20–21.
4. 約翰福音 17:22–23.

所賜給我的榮耀」），耶穌要我們加入並參與（「使他們完完全全的合而為一」），其結果是：「叫世人知道你差了我來、也知道你愛他們」。這就是關身語態的祈禱，耶穌的祈禱聲音就是這樣的。

在伊甸園，關身語態是唯一的溝通方式。亞當和夏娃是神行動的參與者：為動物命名、收穫花園、慷慨地管理和統治其他物種。他們受託管理的一切都不是從他們開始的，萬物的存在是因為神說了第一句話；但是神也沒有要求亞當和夏娃坐視祂統治一切。祂邀請他們參與，甚至在設計創造時，也要求他們參與。

當夏娃的牙齒從那顆禁樹咬下那顆脆蘋果時（或更可能是那顆無花果），就把主動的聲音帶進神的世界。當亞當同樣有罪，羞怯地推卸責任時（「你所賜給我、與我同居的女人、他把那樹上的果子給我、我就喫了」[5]），他把被動語態帶進了神的世界。

關身語態是伊甸園關係的語言。在禱告中，耶穌邀請我們回到起初在伊甸園中所認識的關係，這個關係在第一次悲慘的欺騙行為中失去了。聖經禱告的假設是神的行動永遠先於我的請求。禱告的目的不是讓神參與我認為他應該做的事；相反地，禱告的目的是讓我們參與神正在做的事，成為它的知覺，加入它，並享受參與的果效。禱告是恢復我們在神所創造的秩序中的角色，恢復我們真正的身分，以及界定我們身分的關係。

與馬利亞一同祈禱

馬利亞（瑪利亞）是個年輕女孩，幾乎可以肯定是個青少女，對一個男孩著迷，活在想像中童話般的未來。充滿理想、天

5. 創世記3:12.

真無邪的馬利亞剛被天使拜訪，天使告訴她，她這個處女懷了一個孩子。神的靈是受孕的媒介，耶和華自己就是孩子的父親。

一方面，這個消息讓馬利亞非常興奮，神終於實現了幾世紀前先知們所說的那些崇高的承諾。馬利亞一定在想，上帝不僅在實踐祂的承諾，而且還在我的日子裡實踐這些承諾。我不會從書卷中讀到彌賽亞的故事，我會親眼看到。如果這還不夠，上帝還揀選了我作為祂救贖戲劇的演員。這是個好消息。

但另一方面，這個消息也是毀滅性的。馬利亞訂婚了。你能想像要向約瑟（若瑟）解釋，是的，我懷了別人的孩子，但是不用擔心，這個人就是一切受造物的起始與終末嗎？馬利亞必須假設這個消息會帶來離婚的代價，以及她所愛的男人的心碎。然後是法律問題，《利未記》（肋未紀）的律法列出通姦的刑罰是死刑。她住在一個小鎮，這個消息是無法保密的。除非她有一個特別善解人意的未婚夫和一個異常寬鬆的法官，否則到了這個週末，她就會變成一個被關進死囚牢的單親媽媽。她的家人會疏遠她，他們必須這樣做，除非他們想和她一起被趕出聖殿。最好的情況是，她過著安靜、孤獨的生活，背負著社會汙名和宗教審判的永久汙點。這是個好消息，但這個好消息的代價肯定很高。

因此，馬利亞在聆聽天使的解釋時，所有的這些想法都在她的腦海中湧動，她簡單地回答：「我是主的使女、情願照你的話成就在我身上。」[6]這是一個令人驚嘆的降服和參與的禱告。這是在平凡生活的紛擾中，以關身語態禱告。

以關身語態祈禱是參與神的行動。這是承認我們在祂所創造的秩序中的地位，是祂行動的接受者，也是祂行動的回應者。

---

6. 路加福音1:38.

神的行動就像密西西比河的水流，我們可以同意它、進入它，並隨著水流的牽引，自由自在地游泳。我們也可以否認祂的行動，逆流而上，用我們的雙臂和雙腳與之搏鬥。無論哪種方式，我們都會隨河水而去；沒有人能在與這種水流的搏鬥中獲勝。你可以順從它，在它的協助下一路前進；你也可以與它抗爭，被它推著走，精疲力竭。有一件事你不能做，就是假裝湍急的河水是靜止的池塘。

當馬利亞以驚人的信心祈禱：「我是主的使女、情願照你的話成就在我身上。」她把日常的工作——看醫生、適當的營養、三個月的不適——轉化為參與神的救贖。她與神在世界和她內心的行動合作。結果是神的祝福：「從今以後、萬代要稱我有福。」[7]

我也希望如此。我也想要我在馬利亞身上所看到的。我想要在這個破碎的世界中與神的救贖工作合作。我想要順著水流游泳，划手踢腿，毫不費力地快速前進，但同時也被一股更強大的水流推進。我想要配合神在我身上的工作，邀請祂來塑造我的欲望、思想、情緒和行為，因為我是其中的一員；而我的欲望、思想、情緒和行為，都因為墮落的血統而變得無藥可救。我希望神的靈能從內在改造我，就像老爺車的專業技工一樣，讓我能按照設計來運作。

《詩篇》一百一十二篇中有一句話，我幾乎每週都會思考：「他永不動搖，義人被記念直到永遠。他必不怕兇惡的信息，他心堅定、倚靠耶和華。」[8]你能想像生活在這種堅定的環境中嗎？我的心靈很脆弱，我最怕的就是壞消息。每天，我都會陷入一種

7. 路加福音 1:48.
8. 詩篇 112:6–7.

幻覺，以為平安就是在我自己控制的幻覺下，把我生命中所有零散的部分都安排得恰到好處。當「我的計畫」被生命的無常所挫敗的那一秒鐘，恐懼就會像奧運跳水選手一樣，直衝我的內心。

隨著天使的出現，馬利亞一直在拼湊的生活、她一直在期待的未來計畫，似乎被拆毀了，碎成無數的小碎片。而她的回應是什麼？「我是主的使女、情願照你的話成就在我身上。」我沒有這種韌力，但我想要這種韌力。

禱告是我們打開內心世界，讓聖靈在我們裡面工作，並說：「是的，請隨你的意思。」以關身語態禱告，我們同意聖靈在我們內在深處的工作，甚至比語言更深，使我們在脆弱的世界中，成為有韌力的人，不怕壞消息。

與耶穌一同祈禱

在《路加福音》的另一端，當馬利亞以關身語態禱告開始的故事接近尾聲時，耶穌以幾乎相同的字句禱告：「父阿、你若願意、就把這杯撤去，然而不要成就我的意思、只要成就你的意思。」[9]馬利亞在禱告中領受的神的生命，耶穌在禱告中活出來。在耶穌一生中最痛苦、最具決定性的夜晚，耶穌用他母親的話禱告。他一定是在孩童時聽過她的禱告，造物主沉浸在自己創造的禱告聲音中。我不禁懷疑，當耶穌在墮落的世界中面對救贖的困境時，祂是否想到祂的母親，在祂生命的最後，從母親在開始時所發現的地方，找到了復甦的力量。

你知道這種同意參與的生命嗎？隨著時間的流逝，你自己缺乏控制的情況變得越來越明顯，你是在韌性中成長，還是在焦慮

9. 路加福音22:42.

中成長？你的禱告是否多半是主動語態的要求，堅持要從不符合你計畫的環境中得到解救？或者你的禱告可能是被動語態的冷漠喃喃自語，在屬靈的戲劇中扮演一個角色，而你並不相信自己在其中有相應的參與角色？

發現關身語態的禱告。神是主宰，但祂的主宰是參與的主宰。漢斯・烏爾斯・馮・巴爾塔薩寫道：「一個人越是學會祈禱，他就越會深刻地發現，他所有的禱告都只是回應神對他說的話。」[10]

親密關係的附帶傷害

耶穌教導我們用關身語態禱告，既是恢復作為神所選伙伴的身分（在禱告者內在），也是參與神恩典的再造工作（在禱告者周遭的世界）。因此，應該注意的是，禱告是一件有風險的事。根據我的經驗，神習慣用我們來回應我們自己的祈禱。

你不必相信我的話。德蕾莎修女是上世紀最廣受尊敬的基督信徒之一，她拒絕任何將她的一生視為行動主義者的看法。她在接受諾貝爾獎的演講中聲稱，任何人若認為她的一生是為了社會工作，甚至是慈悲，都是錯誤的。實際上，她聲稱她和她的同伴們，不過是「世界中心的沉思者。」[11] 她是說，她所獲得的一切獎項——照顧窮人、戒除癮君子、在貧窮的貧民窟中創造一個屬天之愛的社群——都是在禱告中偶然發生的。

10. Hans Urs von Balthasar, *Prayer*, trans. Graham Harrison (San Francisco: Ignatius, 1986), 14.

11. "Mother Teresa" (lecture, Norwegian Nobel Committee, Oslo, Norway, December 11, 1979). See "Mother Teresa Nobel Lecture," NobelPrize.org, www.nobelprize.org/nobel_prizes/peace/laureates /1979/teresa-lecture.html.

換句話說，她的生命就是與神同在，並作出相應的回應。社會公義只是與耶穌同在的自然反應。德蕾莎修女不是個行動主義者，她是個禱告的人——用關身語態禱告。她所有積極的事工，都不過是認知到並參與一個由神開始的行動。禱告，正確的理解和實踐，是結出豐盛果實的種子。

親密會帶來豐盛，而不是豐盛帶來親密。那些優先與神建立愛的關係的人，透過每天偷閒的時刻、長時間有紀律的沉思，及熱切的代求，在禱告中與神相遇。神會與他們一起分享祂神聖的大能。

耶穌親口說：「你們多結果子、我父就因此得榮耀。」[12]多結果子是因為我們愛耶穌，願意與祂同在。當我們的心是這樣時，這種關係的表現就會開始像世界的公義、對他人的憐憫，及我們內心的平安。花時間與耶穌在一起，卻沒有參與我們自己祈禱的回應，這是靈性功能失調的症狀。

從聖經的角度來看，內在的禱告和外在的慈愛是不可分割的。個人正義的希伯來語是 *tsedaqah*，外在正義的希伯來語同樣是 *tsedaqah*。這點很重要，因為它暗示了聖經歷史上對奉獻給神的理解是這樣的：公義就是關心窮人，關心窮人就是公義，這就是為什麼以賽亞和阿摩司（亞毛斯）等先知會對那些內心虔誠但外在漠然的人如此緊張。在古代希伯來人對公義的理解中，一個虔誠卻只停留在私人靈修，而沒有同等的心力且付出代價的對公共的慈悲，不只是功能失調，更是自相矛盾的。

耶穌在《路加福音》第十一章中對當時的祭司說：「你們法利賽人洗淨杯盤的外面，你們裡面卻滿了勒索和邪惡。」[13]這是

12. 約翰福音 15:8.

個刺耳的指控，也許祂也會對我們提出同樣強烈的指控。但請注意，在接下來的經文中，祂為缺乏憐憫的個人正義所開出的解藥：「只要把裡面的施捨給人、凡物於你們就都潔淨了。」[14]沒有憐憫的信心生活是天國的王所不認同的。不可能透過私下的禱告來認識神，卻不在公開的憐憫中與神同在。

禱告與宣教是相輔相成的。禱告就是被邀請參與不舒服的使命。禱告就是被主的手帶到破碎的地方、破碎的人，以及你內心破碎的部分。耶穌覺得與不合群的人、邊緣化的人、受壓迫的人和被遺棄的人為伴，就像在家一樣，所以如果你花時間與耶穌交談，你最好相信祂會邀請你跟祂一起去祂要去的地方。賴特（N. T. Wright）寫道：「基督徒的天職就是在禱告中，在靈裡，在世界痛苦的地方。」[15]靠近痛苦，使我們的禱告更有真實性與力量。

然而，我們必須記住，當我們以成果為目標，超越親密關係時，我們就犯了一個用心良苦卻可悲的錯誤。當我們嘗試執行耶穌的使命，卻沒有把每一個行動建立在與耶穌的親密關係上時，我們往往會一開始就很強勢。在我們的世界裡，很多社會公益都是靠著咬緊牙關和認真行動者的關懷之心完成的。然而，這種動機往往不會結出國度的果實。儘管它經常以這樣的方式開始，卻往往以疲憊和怨恨結束。

我在教會中觀察到最大的悲劇之一就是，那些奉耶穌之名最熱衷於社會活動的人，往往一開始就有一顆純潔的心，但過程中不知為何，許多人最終對教會冷淡、批判。憐憫的工作往往是由

---

13. 路加福音 11:39.
14. 路加福音 11:41.
15. N. T. Wright, *The Challenge of Easter* (Downers Grove, IL: Inter- Varsity, 2009), 53.

那些對弟兄姊妹最不憐憫的人來擔任。問題不在於憐憫、慈愛和公義的工作；相反地，問題在於追求果效，卻沒有同等地追求親密。禱告是推動使命的動力來源。

當我們與耶穌一起禱告時，我們幾乎是偶然地開始做耶穌所做的事，就好像我們情不自禁一樣。禱告中的親密關係是達到持久果效的方法。

我們的生命是關於親密的。多結果子，則是這種親密關係的附帶收益。

練習實踐

與馬利亞一同祈禱

「我是主的使女、情願照你的話成就在我身上。」[16]

這是關身語態的禱告。讓馬利亞的禱告成為你自己禱告的範本，她的話開啟了你與神之間的一連串思想，而你會以自己的主題和自發的方式加入其中。

以馬利亞的話禱告，就像騎單車時使用訓練輪一樣。我們會使用這些詞句一陣子作為守護，就像我們一開始感覺像走鋼索而習慣在兩個輪子上平衡的感覺一樣。但訓練輪總是要脫落的，當我們以馬利亞的方式禱告時，這些動作會變成我們自己的動作，我們所有的祈禱都會變成耶穌教導我們的參與式祈禱。我們必須慢慢地、刻意地開始。

「我是主的使女」

第一句是關於身分的聲明。它提醒我在神所創造的秩序中的地位。西方世界持續不斷的咒語，即使在教會裡，也都是自我膨脹的掩護炮火：「你比你夢想的還要重要。上帝為你量身訂做了命運，想要用你的生命來成就偉大的事！」當然，這話有很多道理。然而，面對這不停的提醒，我深深地感到安慰，因為我記得我是突然出現在一個故事裡，我不是主角。我只是故事中一個場景的背景，而這個故事比我所能想像的更宏大、更複雜、更有救贖性。這是一個關於神的故事。祂是主角，是每個場景的中心。

16. 路加福音 1:38.

我是主的僕人。事實證明，這對我來說已經綽綽有餘。

我是主的僕人。我屬於萬王之王，在這個超越一切的國度裡服事，沒有任何聲音、任何力量、任何譴責，能使我變得微不足道。

在要開始禱告時，請提醒自己這個謙卑但深具尊嚴的身分，放下所有的自我膨脹和扁平化。同樣地，放下所有的沮喪、自我懷疑和不安全感。你是僕人，你屬於主自己。

「情願照你的話成就在我身上」

第二個聲明是天職和參與。這是同意聖靈在我裡面或透過我所做的工作。以這些話禱告，就是要尋找我今天所處的環境（通常是我想做些調整的環境），尋找神的邀請。這是對神在我裡面的塑造說「是」，使我成為愛的禮物，回應我自己最勇敢的祈禱。這也是同意神透過我工作，呼召我在祂持續的救贖中扮演一個特殊的角色，就在現在，就在今天。同意神的工作就是接納與參與——接納神就在此時此刻、這些環境、這些關係中；當我在亂局中認識神時，就是參與神的邀請。

現在轉到同意的祈禱。無論你在哪裡認出神在你的內在生命中動工，都要為此感謝祂，並求祂完成祂已開始的工作，將你塑造成祂的形象。無論你在哪裡發現祂的靈邀請你行動，都要說「是」。承諾去做、去給予、去寬恕、去包容、去放慢腳步、去休息、去看、去盼望、去相信、去服務、去說話、去聆聽、去等候、去愛。

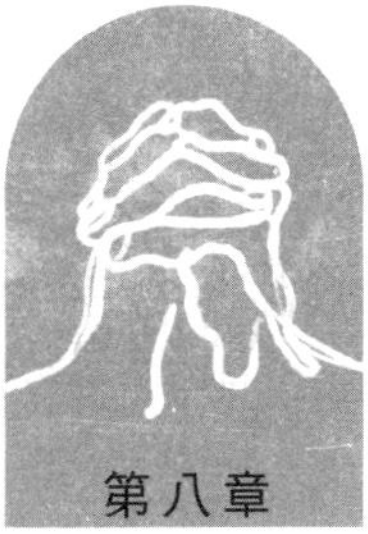

第八章

禱告中的產痛

為失喪者禱告

以利亞對亞哈說、
你現在可以上去喫喝、因為有多雨的響聲了。亞哈就上去喫喝。
以利亞上了迦密山頂、屈身在地、將臉伏在兩膝之中。
列王紀上18:41-42

慕迪（D. L. Moody）是十九世紀末的旅行傳道士，也是現代教會最有影響力的布道家之一。他是一個掙扎著維持餐桌食物的單親母親所生的九個孩子當中的一個。慕迪是波士頓的一名鞋業銷售員，只接受過五年級的教育，他在十七歲時信主，不久之後就開始向被忽視和被邊緣化的青少年傳道。之後，他周遊世界，吸引了多達三萬人聆聽他的講道。許多人認為他是十九世紀最偉大的布道家。

雖然他的事工果效不言而喻，但他的方法既不嶄新，也不令人印象深刻。現在我們已經習慣了透過創新、嶄新的策略或技巧來見證救恩的湧現——失喪的人被尋回、外人進來、新生的孩童誕生在耶穌的大家庭中。一種新的工具出現了，像是耶穌電影、阿爾法課程、週末復興活動，或是教會贊助的短期宣教旅行，這些工具帶動了傳福音的熱潮。在解釋為何傳福音「有效」（因為沒有更好的詞彙）時，通常都會把新方法放在中心的某處。

慕迪的生命和事奉是一個令人信服的例外。他整個傳福音的策略就是禱告。就是這樣。在我之前的許多人都曾說過，慕迪在他成年後的每一天，都會在口袋裡帶著一份包含一百個名字的名單，這一百個朋友都與耶穌毫無關係。慕迪的愛心勞動是為他們祕密地、隱晦地祈禱。他懇求神以他們能感知和接受的永恆之愛向他們每個人顯明自己。他點名為他們的救恩禱告。

當他去世時，名單上的九十六個名字已成為蒙應允的禱告。百分之九十六的禱告成功率並不壞，我隨時都願意接受這樣的機率；但還有更好的。在慕迪的葬禮上，剩下的四個名字都有出席；這四個朋友都被追思禮拜感動，都在他的葬禮上信主了！[1]

所以，一個只有五年級教育程度的賣鞋人，是如何成為史上最有影響力的布道家之一呢？答案是禱告。

當我第一次聽到這個故事時，一股靈感和決心湧上心頭。我開始記下朋友的名單，在手機上設定提醒功能，提醒我為他們禱告，並將我的生命奉獻給我在慕迪身上所見證的愛心禱告的祕密工作。

幾個星期後，我在當時所帶領的教會講道時說了這個故事。我向社區提出挑戰，我們一起同意：「讓我們這樣做。讓我們禱告，不是為人的意念，甚至不是為人的群體，而是為個別的人禱告，為我們自身認識、經常互動的名字和面孔禱告。讓我們活得

1. Cited in Pete Greig, *How to Pray: A Simple Guide for Normal People* (Colorado Springs: NavPress, 2019), 89.

像慕迪一樣，看看神會做什麼！」

那次挑戰後的九個月，我在同一間教會中以同樣的方式再次講述慕迪的故事，然後我問了一個簡單的問題：「有多少人還在這樣做？每天至少為一個名字禱告，活得像慕迪一樣？一隻手。在一群委身的、可愛的、善意的、真誠的耶穌追隨者中，只有一隻手；而且也不是我的手。我做了一、兩個月，然後從每天練習，變成每隔一陣子練習一次，而那當然也讓我滑向一個危險的斜坡，我的手機螢幕上出現了禱告的提醒，漸漸地我習慣性地忽略和滑掉通知。

這並不表示我或我所牧養的群體是失敗的，其實我們是正常的。我所認識的每一個人，在為失喪者（指那些尚未在耶穌的新家庭中被尋回的人）祈禱時，成功率都很低，每個人都是如此。我認識的每個人為失喪者禱告的耐力都很低。然後，每隔一段時間，你就會聽到一則激勵人心的講道，講到一位老婦人（為什麼總是老婦人呢？）為同樣的人禱告了三十年，最後終於看到突破。我們會從這些故事中得到靈感，但是靈感會在平凡的生活中消磨殆盡，即使是最堅定的意志力也會成為耗盡的資源。

然而，禱告賜下新生命是聖經不可否認的主題。我知道把我們跟隨耶穌說成「重生」，是多麼不合時宜。畢竟，有些人在時代廣場舉著火紅的標語、拿著擴音機大喊，讓我們顯得很難看。但從聖經的角度來看，「重生」是對救恩最豐富、最一致的隱喻。

禱告孕育新生命

神祕、漫長而緩慢的靈命誕生過程是由禱告來播下種子的。這個主題在聖經中隨處可見，但在先知以利亞（厄里亞）的生命中卻有生動的描繪。讓我們從三個場景來回顧他的故事。

場景一：教會著火

耶和華降下火來、燒盡燔祭、木柴、石頭、塵土、又燒乾溝裡的水。

眾民看見了、就俯伏在地、說、耶和華是 神、耶和華是神。」(列王紀上18:38-39)

以色列人忘了神（他們往往會這樣）。舊約的模式是以色列人因絕望而仰望耶和華，然後耶和華回應。然而，當安全與舒適取代絕望時，他們傾向於相信一些更實質、更可預測、更不需要信心的東西。在以利亞的時代，信靠的是一位名叫亞哈（阿哈布）的國王和他的妻子耶洗別（依則貝耳），他們帶領以色列人離開耶和華，轉而崇拜一個名叫巴力（巴耳）的假神。

以利亞以非凡的勇氣說：「在我的眼裡不可以！」他走近國王，提出挑戰：「我是耶和華的一位先知。巴力有四百五十位先知。我們用兩個壇來獻祭，一個獻給耶和華，另一個獻給巴力。把一頭公牛放在壇上（在古代近東世界，這種動物祭祀是向各種假定的神明進行各種崇拜的標準形式），但不要點火燒祭物，而是要祈禱。我們看看誰的神會從天上降火點燃祭品，送火來的神是唯一的真神。」[2]

這些耐人尋味的字眼引起了亞哈的注意。無論你站在哪一邊，人們很少會像這樣竭心盡力。國王無法抗拒。

祭物擺設好了，巴力的四百五十個先知先開始。他們祈禱，但什麼也沒有發生。他們愈來愈激烈，又喊又吟，什麼也沒有發

---

2. 見列王紀上18:20–24.

生。最後，他們開始自殘，肢解自己的身體，以引起神的注意，什麼也沒有發生。這四百五十位先知整天向巴力禱告，累得筋疲力盡，什麼事也沒有發生。

現在輪到以利亞。祈禱前，「他便重修已經毀壞耶和華的壇。」[3] 以利亞走到耶和華的舊壇，那座以巴力的名義被拆毀的壇，在以色列人過去敬拜的地基上重建。這個象徵意義非常重大。

然後，他對聚集的眾人說：「你們用四個桶盛滿水、倒在燔祭和柴上。」[4] 表面上看來，這似乎令人印象深刻，因為濕的木頭顯然較難燃燒，但以利亞並非胡迪尼（Houdini）在變魔術；他是一個準備祈禱的敬拜者。

以色列已經乾旱了三年，有一千多天沒有下過一滴雨。這在今天會是一個問題，會限制農業、助長野火、改變生態系統。但在一個農業社會，國家之間沒有完善的貿易系統呢？這是毀滅性的。這個國家快要餓死了，而任何政治政策或權力更迭都無濟於事。水。他們需要水。同時，傳統智慧告訴我們，要盡可能節約用水，限制洗澡。只喝你必須喝的，留給農作物。在乾旱時，水是最有限的資源，也是最珍貴的財產。

這表示水是以利亞所能獻上的最昂貴的祭物。他不僅將自己的名聲放在神和群眾面前，也將自己的生計、安全、未來的福祉放在神面前。最深刻的敬拜與信心的行為發生在禱告之前，這位先知將一水池最珍貴的國貨倒在木頭上。大衛的話語在現場上空迴盪：「我不肯用白得之物作燔祭、獻給耶和華我的　神。」[5] 接著以利亞說：「現在再做一次。為了慎重起見，再浸泡一次。」

3. 列王紀上 18:30.
4. 列王紀上 18:33.
5. 撒母耳記下／撒慕爾紀下 24:24.

他是在向神獻上他所能帶來的最奢侈的祭物。這是很重要的。

最後，以利亞祈求說：「『耶和華阿、求你應允我、應允我、使這民知道你耶和華是　神、又知道是你叫這民的心回轉。』於是耶和華降下火來、燒盡燔祭、木柴、石頭、塵土、又燒乾溝裡的水。眾民看見了、就俯伏在地、說：『耶和華是　神！耶和華是　神！』」[6]

回顧剛才發生的一切。以利亞修復了祭壇，恢復了敬拜的地方。以利亞倒出水，水不僅對他來說是珍貴的，對聚集在一起的每個人來說也是非自願的犧牲，使所有前來旁觀的人都成為敬拜的參與者。接著，神的同在變得明顯，火落在剛才只有濕柴和紅肉的地方。於是，人們回到神的面前。那些幫忙拆毀耶和華祭壇的人，現在卻面朝下，直呼耶和華的名來敬拜祂。

呼召你心目中那個離神最遠的家人、朋友或同事——那個你甚至懶得為他禱告或考慮邀請他與主建立關係的人，那個你在他面前積極迴避信仰話題的人。想像一下，在一個令人昏昏欲睡的星期天早上，在熟悉的聖所裡，那個人就坐在你身旁。只是今天，當你正在唱歌時，他倒在地上，開始大叫：「耶和華是神！耶和華是神！」你能想像見證這樣的事嗎？神同在的明顯顯現，接著是那些對神有敵意的人，在敬拜時面朝下倒在地上？如果這發生在你當地的教會，我相信你一定會對你的敬拜經驗感到驚訝。可以這樣說，教會剛剛燃起了熊熊大火。

但這不是結束，這只是開始。因為神沒有夢到教堂著火，這也不是以利亞故事的高潮時刻。

如果你知道結局就會明白了，所以讓我們先跳過前面。

---

6. 列王紀上 18:37–39.

場景三：城市重生

以利亞對亞哈說：「你現在可以上去喫喝、因為有多雨的響聲了。」（列王紀上 18:41）

值得牢記的是，以利亞是一位先知，對一位絕望的政治領袖說話——他是飢餓民族的國家領袖。在他的領導下，經濟崩潰、人民受苦，責備和批評必然會敲響宮殿的大門。

然而，亞哈的絕望，只是大多數農民階級的一小部分。亞哈很可能還在吃皇室倉庫裡新鮮烘烤的麵包和燉肉，城中的平民百姓卻已經沒有口糧。就像被納粹德國蹂躪的村莊的恐怖故事般，倖存的階級只能決定餵飽誰——母親還是嬰兒，爺爺還是孩子。

在這種情況下，以利亞與國王對視，自信地說：「去慶祝吧。宰殺肥美的小牛，生火烤肉，打開你一直留著的酒瓶，因為神即將賜下慶祝的理由。你剛才看到的神用聖火照亮了濕透的祭壇，他現在要為全城的人提供食物。」

亞哈就上去喫喝。以利亞上了迦密山頂、屈身在地、將臉伏在兩膝之中。
對僕人說、你上去、向海觀看。
僕人就上去觀看、說、沒有甚麼。
他說你再去觀看、如此七次。
第七次僕人說、我看見有一小片雲從海裡上來、不過如人手那樣大。
以利亞說、你上去、告訴亞哈、當套車下去、免得被雨阻擋。
霎時間天因風雲黑暗、降下大雨。亞哈就坐車、往耶斯列去了。（列王紀上 18:42-45）

三年的乾旱，一場傾盆大雨襲擊了這座城市，街上爆發了慶典，蕭條的地方湧現了新的生命。這是以利亞故事的高潮時刻。

神不是夢見教堂著火，而是夢見城市重生。神的夢想不是要教會改善課程、增長人數、增加另一個崇拜、舉辦一個有影響力的會議，這些都沒問題，只是這不是神的夢想。神的夢想是將祂的靈澆灌在整個城市裡。

神是忌邪的。[7]祂渴望與人建立關係，祂熱切盼望每一個靈魂，因為祂創造的每一個靈魂都是獨一無二的。祂渴慕祂所創造的一切。正如凱博爾（Kuyper）如此驚人地說：「在我們人類存在的整個領域中，沒有一平方英寸不被基督（祂是萬有的主宰）呼喊著：『這是我的！』[8]

上帝夢想著一座重生的城市。以利亞的故事清楚地告訴我們，這個夢是從教堂著火開始的，但那只是旅程的開始，而不是終點。重生的城市才是目的地。每段值得一走的旅程都必須有起點和終點，我們不應該混淆這兩者。沒有已知的目的地，就沒有成功的冒險。火熱的教會是讓我們邁向神真正渴望的工具——重生的城市。

從起點到終點之間的旅程是漫長而曲折的，不可能沒有重大的迂迴。所以光有開始和結束是不夠的。我們必須認真且實際地看待第二場景，也就是旅程的中段。

---

7. 見出埃及記20:5; 34:14.
8. Abraham Kuyper (speech, Vrije Universiteit, Amsterdam, Netherlands, October 20, 1880); quoted in James Bratt, ed., *Abraham Kuyper: A Centennial Reader* (Grand Rapids: Eerdmans, 1998), 461.

場景二：禱告之山

> 亞哈就上去吃喝，以利亞上了迦密山頂、屈身在地、將臉伏在兩膝之中。（列王紀上 18:42）

以利亞打發王去準備降雨，然後他做了什麼？他爬上一座山，開始祈禱。他爬到山頂，眺望神所愛的絕望之城，然後如此禱告：「以利亞……屈身在地、將臉伏在兩膝之中。」

這種禱告姿勢很奇怪。在聖經中，我們經常遇到人們面朝下、匍匐禱告或謙卑地跪下禱告。耶穌常常睜著眼睛在山頂上禱告，因為他要長途健行或觀看太陽從城市上空升起。但以利亞卻「屈身在地、將臉伏在兩膝之中。」

每當聖經中有特定的細節，看起來不必要或奇怪的細節時，請俯身仔細留意。聖經中沒有不重要的細節。單單從文學作品的角度來看，聖經傾向於掩飾細節。比起小說家夢想出一個故事，然後再反覆修改，聖經的寫法更像是一個人狂熱地想要跟上時代的風格。《列王紀上》告訴我們「耶和華降下火來、燒盡燔祭。」[9]這已經足夠讓我們了解。但如果是小說家寫的呢？聽起來可能會更像是：「然後火焰在四分五裂的橡木上跳舞，就像有人在盎格魯撒克遜的婚宴上剛表演了『恰恰滑步』。」

那為什麼要詳細描述以利亞異常的禱告姿勢呢？因為它告訴我們一些重要的事情。為了替這座城市禱告，以利亞以一個臨盆的婦人開始用力的姿勢作為隱喻的姿勢。

我知道，這是生動寫實的隱喻。甚至《新約》作者雅各在提到這件事時，也稱之為「懇切」或「大有功效」的禱告。[10]最近，

9. 列王紀上 18:38.

這種勞苦的禱告方式通常被稱為「產難式（travailing）」或「對抗式（contending）」禱告。無論你如何稱呼它，重點在於：有一種禱告能賜下新生命。

有一種禱告能賜下新生命

回到故事的第一頁，我們讀到：「地是空虛混沌，淵面黑暗， 神的靈運行在水面上。」[11]這裡「formless」翻譯成「混沌」的希伯來字是*tohu*，也可以翻譯成「荒蕪」。[12]當聖靈賜生命給一個荒蕪的地方時，創造就發生了。神最初的創造是透過生產的意象來解釋的。

墮落之後，當神要救贖這個世界時，祂從一個不孕的子宮——撒拉（撒辣）——和她的丈夫亞伯拉罕（亞巴郎）開始。起初，聖靈徘徊在貧瘠的混沌中，帶來創造。在救贖中，同樣的靈在撒拉不孕的子宮裡徘徊，開始再造的工作。

當神終於親自進入這個故事時，祂是透過分娩而來。「天使對童貞女馬利亞說：『聖靈要臨到你身上、至高者的能力要蔭庇你。』」[13]聖靈在生命階段的兩端創造神蹟，每一個神蹟都在墮落的世界中帶來新生命，在破碎和功能失調的受造物中重新創造。撒拉生下以撒（依撒格）的神蹟是醫學上的，一個不孕的子宮被聖靈打開。耶穌誕生在馬利亞身上的奇蹟是生物性的，聖靈使處女的子宮受精。天使給馬利亞的訊息，為她內心所發生的事

10. 雅各書 5:17 ESV.
11. 創世記 1:2.
12. See C. F. Keil and F. Delitzsch, *Commentary on the Old Testament*, vol. 1 (1861; repr., Grand Rapids: Eerdmans, 1991), 48.
13. 路加福音 1:35.

提供了一點必要的背景，聽起來幾乎與《創世記》第一章以及《創世記》第十七章神對亞伯拉罕和撒拉的應許完全相同。

在耶穌生命的最後一夜，他透過分娩的意象來描述他臨近的死亡、在墳墓中的三天，以及他的復活：「婦人生產的時候、就憂愁、因為他的時候到了，既生了孩子、就不再記念那苦楚、因為歡喜世上生了一個人。」[14]

耶穌應許用祂的靈充滿所有接受祂的人——就是祂的靈在創世時賜下新生命、在撒拉的救贖中賜下新生命、在馬利亞為道成肉身中賜下新生命、在耶穌的復活中賜下新生命。耶穌應許祂創造的聖靈給所有人：「信我的人、就如經上所說、從他腹中要流出活水的江河來。」[15]英文「within them（在他們裡面）」一詞來自希臘文 *koilia*，其中的一個意思是子宮。[16]耶穌稱你我為神的靈所居住的「子宮」，以創造新生命。

聖經無可否認的主題是：有一種禱告能賜下新生命。這正是神喜歡回應的禱告——祈求新生命的禱告、祈求救恩的禱告。

神不僅夢見教堂著火，神還夢見一個城市重生。禱告之山是從一個到另一個的唯一道路。

但如果你登上這座禱告之山，請小心前進。因為你可能已經知道：為失喪者禱告是緩慢而不引人注目的。

---

14. 約翰福音 16:21.
15. 約翰福音 7:38–39.
16. See the NASB New Testament Greek Lexicon, based on Thayer's and Smith's Bible Dictionary, public domain. Available online at "Koilia," Bible Study Tools, www.biblestudytools.com/lexicons /greek/nas/koilia.html.

為失喪者禱告是緩慢的

對僕人說、你上去、向海觀看。
僕人就上去觀看、說、沒有甚麼。
他說你再去觀看、如此七次。
第七次僕人說、我看見有一小片雲從海裡上來、不過如人手那樣大。（列王紀上 18:43-44）

以利亞為火祈求一次，卻為雨祈求七次。這種賦予新生命的禱告是緩慢的。也許你有一位朋友，你感覺到神在追尋他。然後，你有一次難忘的對話，他們似乎對信仰敞開了心扉。你興奮地開始禱告，但什麼也沒有發生。

然後，經過七個星期、七個月，或七年，甚至數十年來都一直為那個人熱切的禱告，終於有了一些結果！在你禱告、禱告、再禱告的過程中，神在做工，神祕地將他們的心吸引到祂面前，編織他們生命周遭的環境，讓祂對他們永不止息的愛顯露無遺。

我的大兒子漢克是在曼哈頓下城的醫院分娩中心出生的。如果你不熟悉這個名詞，分娩中心大體就是繁忙醫院裡的一個小旅館房間。分娩中心沒有醫院分娩常見的醫學術語、瘋狂的護士和忙碌的產科醫生，而是由助產士管理，助產士多半是穿著長襪、喝著甘菊茶，輕聲細語的那種（讓你想像一下）。

產痛八小時後，開始有些不舒服。克絲汀的不舒服絕對是痛苦的，但我開始覺得肚子餓了——些微的不舒服。

就在這個時候，我決定取出八小時前策略性地藏在迷你冰箱裡的義大利麵。我咬了第一口，就聽到房間的另一邊傳來像是皮克斯動畫龍的高聲叫喚：「那是什麼味道？」那時我就知道，飢腸轆轆的「輕微不適」來了。

分娩進入十個小時後，助產士終於問到：「克絲汀，你準備好要生這個寶寶了嗎？」她受到鼓舞，而我興奮不已！麵包現在應該已經濕透了，但三明治還是可以保住的。

她開始用力。她持續用力，一直用力。再過八小時，我們就要見到漢克了。在這些漫長的時間裡，她經歷了前所未有的痛苦；沒有任何一項人類的壯舉能與分娩中的準媽媽的勇氣相比。克絲汀曾經覺得時間到了，但還有很長的路要走，一路上，她也有想放棄的時候，但還是勇敢地繼續前進。她不只一次對任何人說：「我再也不要再經歷一次了。」

然後我們跟漢克見面了。在生了十八個小時的大約一個星期之後，她說：「泰勒，我想要另一個寶寶。」就好像所有分娩過程中最糟糕的時刻都被新生命的喜悅沖淡了。無論她經歷了什麼——這個小傢伙，這個到目前為止只會讓她痛不欲生、對她的睡眠模式造成極大不便，並承諾在未來幾年完全依賴我們倆的小傢伙——都是如此值得。

耶穌說：「當她的嬰兒出生時，她會因孩子誕生在世上而喜樂，從而忘記痛苦。新生命需要產痛——在禱告中產痛。但是得救的喜樂總是遠遠超過之前的痛苦、掙扎和堅持。很多人都受到慕迪百人名單的啟發。靈機一動過後，繼續禱告的人卻少得多。如果你想要那樣的傳承，你就得過著那樣的生活。孕育的禱告是緩慢的。

為失喪者禱告是不引人注目的

呼召火從天上降下為以利亞贏得了大眾的敬佩。他的名字在每個人的口中出現。相比之下，為城市祈求傾盆大雨是一種祕密的勞動——沒有人看見，也不光彩。我們要效法的是祕密的禱告，而不是公開的澆灌。

有一次，耶穌的門徒似乎很有興趣重現以利亞的火景：他的門徒、雅各、約翰、看見了、就說、主阿、你要我們吩咐火從天上降下來、燒滅他們、像以利亞所作的麼。耶穌轉身責備兩個門徒說……說著就往別的村莊去了。[17]這是一個堅定而直接的否定。

這是以利亞生命中祕密、不華麗的部分，是聖經指示我們要效法的。《雅各書》第五章說：「義人祈禱所發的力量、是大有功效的。以利亞與我們是一樣性情的人、他懇切禱告、求不要下雨、雨就三年零六個月不下在地上。他又禱告、天就降下雨來、地也生出土產。」[18]我們喜歡奇景；神喜歡新生命。我們無法抗拒大庭廣眾之下的壯觀場面；神卻無法抗拒暗中禱告的勞苦。

在今日的教會中，很多人會說：「當火燒下來時，我想在那裡！我想看到復興！帶來神蹟奇事！」但願意暗中禱告的人卻少得多。這並不迷人，但卻是大有能力和功效的。

神希望教會燃起熊熊烈火，因為神夢想城市重生。神喜悅在有信仰的社群中，敬拜的熱情與日俱增。以利亞在呼召火之前先修理祭壇。在乾旱時期，神會在祭壇上澆上一桶水。當教會聚集在一起敬拜禱告、火災降臨時，耶穌就在那裡，臉上帶著超自然的微笑在跳舞。神點燃教會，因為祂為這座城忌邪。

以利亞的故事和雅各對參與禱告的呼召，都是邀請我們在禱告的山上被神找到，與聖靈一起為新生命歎息。這需要我們堅持不懈、一心一意，並培養出對不受注目之事物的喜好。要接受這

17. 路加福音 9:54–56.
18. 雅各書 5:16–18.

個邀請，我們必須表現出頑強的願望，在等待中祈禱，為了新生命的應許而願意痛苦，這是一種超自然的勞動。

更新的模式

在教會歷史上，神每一次偉大的行動、每一次的復興和覺醒，都遵循著一個共同的模式：教會燃起熊熊烈火，導致禱告變得更加優先，結果聖靈澆灌在一個城市裡。艾德溫・奧爾（Edwin Orr）說：「每當神準備對祂的子民做一些新的事時，祂總是讓他們禱告。」[19]

查爾斯・司布真可說是歷史上最著名的傳道人。每當有人問他祕訣時，他總是指出有一群代禱者在他講道的過程中不停地禱告。在司布真講道的每一秒，他的代禱者都在禱告。他的教會在舞台和講壇正下方有一個小房間，代禱者聚集在那裡，在他講道的過程中祈禱。司布真稱這個小房間為「鍋爐室」。[20]當被問及修辭技巧時，司布真基本上只給了一個建議：神喜愛不華麗、祕密的禱告工作。

司布真充滿禱告力量的訊息有非常顯著的影響力。舉例來說，有一個故事是這樣的：一個在南美洲監獄中的英國囚犯受到一位英國朋友的探訪，那位朋友送了他兩本小說。令人詫異的是，其中一本小說的書頁中夾了一篇司布真的講道；而在閱讀完這篇講道後，就在當時，在異國的牢房裡，他將自己的生命交託給基督。[21]

同樣地，傳記作家路易士・德拉蒙德（Lewis Drummond）

---

19. Quoted in Pete Greig and Dave Roberts, *Red Moon Rising: Rediscover the Power of Prayer* (Colorado Springs: Cook, 2015), 190.
20. Cited in Greig and Roberts, *Red Moon Rising*, 269.

報導了一個農村牧羊人的故事：他在澳洲巴拉瑞特（Ballarat）的灌木叢中散步時，發現一張被風吹散的報紙。他拿起報紙，注意到其中一頁看起來像是廣告，但上面剛好印著幾乎全部是司布真講道的內容。牧羊人逐字逐句地讀完，然後獨自在田野中將生命交給耶穌。德拉蒙德寫道：「這位牧羊人承認，如果他知道這篇文章是一篇講道，他絕對不會去讀。但當他在報紙上看到這篇文章以廣告的形式出現時，他就產生了興趣並讀了這篇文章，而且找到了基督。」[22]

司布真博士，你的祕訣是什麼？我們如何才能學會像你一樣口若懸河，並得到你所得到的結果？

*他可能會說，這不是你想的那樣。我有一組代禱者團隊，他們在我講道時不停地祈禱。*換句話說，有一種禱告是賜下新生命的禱告。

禱告是緩慢而不華麗的，有時會需要產痛，但禱告也是獲得新生命喜樂的一種方法。

---

21. The story is told in Lewis A. Drummond, *Spurgeon: Prince of Preachers* (Grand Rapids: Kregel, 1992), 325.
22. Drummond, *Spurgeon*, 326; see also *Lutheran Herald* 1, no. 10 (March 8, 1906): 229–30.

練習實踐

禱告中的產痛

求神讓你從祂神聖的角度看你的日常生活。讓你的眼睛充滿想像力地觀察你每天的生活——與你一起工作的同事、與你一起社交的朋友圈、與你經常擦肩而過的熟人。邀請聖靈帶領你走過你平凡的一週，讓你能夠富有想像力地，透過全然慈愛、不斷尋求的你神的眼睛來看人生。

當你從神的角度來看你的生命時，你注意到誰？是否有神正在追求而你卻忽略的人？神正在邀請你注意一個被你忽略的人？

記下神讓你想起的幾個名字，至少一個。把記下這些名字的紙張放在口袋裡、在手機上設定每日提醒、在桌面或手機背景上製作數位便條、把它們寫在浴室的鏡子上。只要對你有用就好。

為這些名字禱告。禱告要具體，讓你知道神是否回應了你的禱告；禱告要有規律，讓你知道禱告需要忍耐和勞苦。

在禱告的過程中，你可能需要祈求神重新給我們信心，讓我們相信祂真的在聆聽，或是重新給我們對禱告對象的憐憫。不要讓這項活動淪為代辦事項上的一個項目。求神讓信心、盼望和愛成為你禱告的動力，求神讓新生命成為你勞苦禱告的結果。

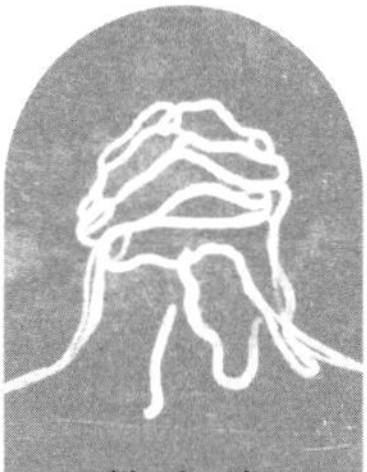

第九章

祈求、尋找、叩門

寧靜與堅持

你們祈求、就給你們，尋找、就尋見，叩門、就給你們開門。
因為凡祈求的、就得著，尋找的、就尋見，叩門的、就給他開門。
馬太福音7:7-8

「不是神不夠有大能，就是神不夠好，無論如何，我覺得我唯一的選擇就是降低我對神的看法。」

珍娜說這句話時並沒有直接看著我，她看著遠方。也許是因為她的情緒很難直視我的眼睛，也許是因為她不是對我說這句話。也許她是在對上帝說，而我在無意間偷聽到。我們在布魯克林區一個聯合辦公空間的狹窄辦公室裡，隔著一張桌子坐著，她向我訴說這七年來我親眼看她經歷過的故事中，最私人的版本。

神學家稱因苦難而進入我們生命中的不可避免的問題為「神義論」(theodicy)，這個英文字由兩個拉丁文字組成，意思是「上帝的正義」。沒有任何靈性、哲學或世界觀能夠迴避神義論之謎。無論你如何解釋生命，你都會被困在試圖將「正義」這個方塊塞入「苦難」這個圓塊中。

耶穌在被捕和被釘十字架前幾小時，跪倒在客西馬尼（革責瑪尼），從他痛苦的靈魂中湧出禱告：「阿爸、父阿、在你凡事都能。」[1]這是一種美麗動人的情感，將神的平易近人與威嚴緊緊連在一起。與此同時，耶穌稱神為「阿爸」，並承認祂有無限的能力。這位親密的父也是沒有任何事情是祂所不能及的。

「阿爸、父阿、在你凡事都能。」這就是問題所在。如果這是真的話，那麼神就有些事情需要解釋了。因為──至少從我的角度來看，而我想從你的角度來看也是──有一長串令人難以接受的事情，是那位全能又完全慈愛的神所沒有做的。

人們說苦難喜愛同伴，但同伴並不能消除苦難的痛苦。所以值得指出的是，耶穌的客西馬尼祈禱並沒有以祂祈禱的方式得到應允；痛苦的杯沒有從祂身上拿走。那個在出生時不靠生物學幫助的耶穌，祂在湖上移動就像在跳舞一樣，祂用男孩的金槍魚三明治餵飽群眾，祂用泥土和唾液治癒失明，祂讓惡魔夾著尾巴逃跑，祂用一個命令就能讓屍體活過來；但祂也忍受了神的沉默。耶穌最後二十四小時的禱告都沒有回音。

當我在書桌旁靜靜等待時，珍娜終於打破了沉默。「你一輩子都在假設有一天你決定要孩子，那就是你要孩子的時候。有一天，『我們準備好了』，然後就翻到下一章。」珍娜說。「但對我們來說並不是這樣。」珍娜是一個禱告的女人。她相信神會聆聽和回應。不，不只如此；她期待神的回應，也仰賴神的回應。

她和丈夫連恩身無分文，她的生存策略就是禱告。當食物短缺時，她祈禱可以買到雜貨，他們就可以從當地教會的食物儲藏室得到免費的農產品。當他們房租不足時，珍娜會祈求神，而有

1. 馬可福音14:36.

一天晚上回到他們的公寓時，就發現有人從門下塞了一張匿名支票，金額正是他們所需要的。

由於他們每餐都盡量節儉，所以他們要加熱很多剩菜剩飯——這很具挑戰性，因為他們簡陋的公寓沒有微波爐。自然地，珍娜就祈禱。

兩天後，她站在城中一個髒亂地段的自助洗衣店停車場，她在那裡當志工，這個組織專門照顧無家可歸的癮君子和性工作者，這已經成為她一段日子以來的例行公事。她服務的許多人都成了她的朋友。午夜時分，她在停車場，在一群性工作者中服務。有人推開後車箱，拿起一個在漆黑的夜空和昏暗的路燈下看起來很重的箱子。「你們有人需要微波爐嗎？」就這樣，她得到了她的微波爐，一個她在四十八小時前祈禱得到的微波爐。

在這些頻繁的故事中，有一個揮之不去的問題一直存在。「上帝，我曾向您祈求微波爐，您給了我。這幾年來，我每天都向您要一個嬰兒，但得到的卻是沉默。為什麼您對我生活中的瑣碎需求如此關心，而對我最深層的渴望卻如此遙遠？」

我們不都會問這個問題嗎？在我們的生命中，難道沒有至少一個關鍵的領域，是上帝在許多方面都顯明存在，在這卻明顯地缺席和令人痛苦地沉默的嗎？

如果神的回應是直接的「不」，這會是一顆苦藥，至少我們知道神聽到了我們的聲音，並以祂無限的智慧和永恆的觀點回應了我們的否定。「不」是令人失望的，但仍為持續的溝通留下基礎。「不」會引發進一步的關係。但沉默呢？對受苦的人來說，沉默就像冷漠，就像神對這裡發生的事無動於衷，毫不在意。

以下任何一種說法是否覺得很熟悉？*沉默讓我覺得，唯一有能力阻止從內到外摧殘我母親疾病的神，不屑一顧。或是唯*

一有能力打開我頑固子宮的那位，心不在焉、無暇顧及。又或者，數十年來，我一直將我對伴侶的渴望放在眼前的這位，卻在我的孤獨面前打呵欠。沉默意味著神看到並聽到，但卻故意忽略我的苦惱。對於雙手合十、正在祈禱的人來說，神聖的沉默就像這種感覺。

大約在同一時間，珍娜的嫂嫂海倫被診斷出罹患子宮頸癌。一個腫瘤被發現在這個健康年輕女性的身上悄悄生長，而她只有二十多歲。雖然這項診斷可以治療，但治療會讓她幾乎無法懷上足月的孩子。海倫和珍娜很快就成了好朋友，因為她們一起經歷了不孕的痛苦。

透過虔誠的禱告，珍娜堅信，儘管醫學上幾乎不可能，但上帝一定會賜下一個寶寶給威爾和海倫。果然，在確診過後幾個月，海倫懷孕了。亨利在那年九月出生。珍娜回憶起家人慶祝這個奇蹟的情景。更重要的是，經過幾輪試管嬰兒治療後，珍娜也懷孕了。這兩個期待已久的祈禱，終於都得到了回應。

亨利幾個月大後，海倫仍舊痛苦不已。她被告知剖腹產手術後需要一段時間才能恢復，但情況並沒有好轉。她去做了檢查，在她的腹部發現了一個無法手術的巨大腫瘤，癌症又惡化了。腫瘤在她體內生長太久，已經擴散到多個重要器官，醫生無法碰觸到它。腫瘤躲在亨利的背後，生與死同時在海倫的腹部生長。

在七個月的積極化療和放射治療之後，醫生已經束手無策。腫瘤繼續擴大。治療無效。

海倫轉而接受替代醫學和嚴格的飲食。這種療法是最後的手段，但她深信一定會有用。「為什麼上帝賜給我這個奇蹟寶寶，卻要在過程中奪走他的媽媽？上帝會想辦法的。」

那是六月。到了七月，她的情況開始急速惡化。

八月，海倫的情況非常糟糕，珍娜抱著希望搭上飛往愛爾蘭的飛機，祈禱再一次出現奇蹟。當她看到海倫的那一刻，希望受到了嚴重的打擊。「我走進醫院的病房，看到她時，我幾乎跌倒在地。我立刻想到，*主啊，我覺得你做不到。我想沒有人會在走了這麼遠的路後還能回來。*」

第二天，珍娜和其他人把海倫從醫院接回家，他們不知道再過不到一個星期，她就會離開人世。越來越多的家人聚集在一起。他們全都在那裡，等著她離去，等著跟她道別。雖然沒有人把話說出來，但是死亡的陰雲沉沉地籠罩著整棟房子。

珍娜坐在嬰兒房裡，把空間讓給聚集在海倫床邊的家人——她的丈夫威爾，還有她的母親、父親和兄弟姐妹。

「當你在垂死者的床邊坐了數小時後，有些奇怪的事情就會發生，」珍娜告訴我。「你會習慣聆聽她的呼吸，那就像是一首有節奏和旋律的音樂。你可以聽到音調的變化。我在走廊上就聽到了。我知道是時候了。」

珍娜走進房間，與家人並肩而立。可能已經過了幾個小時，也可能只有幾分鐘。在這樣的時刻，時間是相對的。經過長時間的哀傷沉默後，珍娜代表所有聚集在床邊的人說：「我們不希望你害怕，海倫。沒事的。你可以走了。」她真的走了，那時距離亨利一歲生日不到一個星期。

幾個星期後，珍娜回到了紐約。「我走進自己的家，」珍娜解釋說，「失去的沉重感終於像鐵砧般壓在我身上。上一次踏入這間公寓時，我正收拾行李準備離開，指望著奇蹟出現。現在我回來了。她走了。」

「我只是無法看到，在這件事之後，生活還能像平常一樣繼續。我為海倫感到悲傷，但我同時也在哀悼那個她過世之前的自己，」珍娜說道。「我一直以為自己是那種遇到困難就會堅強、繼續前行的基督徒。我現在知道我不是那樣的人。」

她繼續說。「我現在看到了。很多人都會在這個時候離開，而我其實也想離開。但是有兩件事情牽制著我。第一，我被耶穌牽著走，因為這麼多的美好也是建立在祂身上。如果我要否認祂，我不能只是否認祂在這一刻的缺席，我還要否認祂在這麼多美好時刻的存在。其次，我太憤怒了，無法離開，就像當你在房間裡和你的配偶爭吵得面紅耳赤，你卻憤怒得無法走出去透氣一樣。你有話要說，你必須說出來。」

珍娜走回那間布魯克林的公寓，那是她對神的信仰的地標。上帝本可以治癒海倫，本可以讓她與她深愛的丈夫共度數千日，本可以讓她享受看著小亨利成長。但神一樣都沒給。

「阿爸、父阿、在你凡事都能。」如果耶穌說的沒錯，那麼上帝願意讓一些痛苦到似乎不可原諒的事情發生，要麼就是上帝不願意讓海倫死亡，只是允許了。這樣的說法有點溫和，但這會讓上帝的罪責更輕嗎？上帝也許並非兇手，但這難道不就像是他作為一位醫生，床頭櫃抽屜裡藏放著治癒癌症的方法，但祂卻只是坐在家中觀看頻道，而人們卻死於祂知道如何治癒的疾病嗎？「阿爸、父阿、在你凡事都能。」怎麼可能呢？

我曾在病房裡為一個被醫護人員視為死人的人祈禱，卻看見那個人醒來繼續活下去。我經歷過這樣的事件發生後的欣喜時刻，那種超自然的喜樂充斥著悲傷的人——對於神的介入感到驚奇，就像在天堂接吻一樣。

我也曾握住一個因吸毒而昏迷的年輕人的手，他的妻子、兒子、父母和兄弟姊妹都在等候室裡，我迫切希望神會聽我的禱告，因為他似乎沒有聽他們的禱告。我曾用油膏抹那個人的頭部，為他的生命祈禱，一小時後，我走出病房，經過悲傷的家人，他們正在接受他不會再回來的事實，我的禱告顯然不比他們的禱告有用。

我知道神的大能，也知道神的沉默，有些時候，我覺得如果從來沒有力量的話，我會比較適應沉默。有個性、有意志的神是如此難以預測，如果我們有一位像操作系統一樣的神，可以根據我按下的按鈕提供可預測的結果，也許會比較容易。但那不是經文中所揭示的神，這不是在耶穌身上顯現出來的神，更不是我在這些年來一直與之同行的神。

更深的邀請

耶穌在《馬太福音》第七章登山寶訓中所使用的三個簡單動詞——祈求、尋找、叩門——在耶穌就禱告所說的一切話中，也許沒有比這三個動詞更知名或更令人困惑的了。一方面，它們發出了一個充滿能力且直截了當的邀請；另一方面，這個邀請卻未帶來一致且可預知的結果。這是虛假的廣告嗎？耶穌過度承諾了嗎？或祂的原意在跨世紀、跨傳統、跨譯本的翻譯中迷失了？

在這三個動詞中，耶穌命名了共同禱告之旅的路標，這是一條由男女信眾所踩踏的路，一直延伸到起初。禱告是一個以需要為起點，以關係為終點的旅程。當呱呱落地時，我們的第一句話是無法理解的痛苦和需求的呼喊。嬰兒在學會連貫的語言之前，在學會對帶他們來到這個世界的母親和父親的關係信任之前，已經哭泣和哀號了。同樣地，禱告是最原始的語言，是我們在面對痛苦和苦難時本能地表達出來的。需要首先會驅使我們跪下來，但關係會讓我們繼續停留在那裡。這就是耶穌所要說的——隱藏在三個簡單動詞中更深層的邀請——祈求、尋找、叩門。

「祈求」是指帶領我們禱告的請求。大多數的禱告都是先有需要——診斷、車禍、又一次陰性的懷孕測試、摯愛之人缺席的假期、又一週沒有接到回電的申請、信用卡帳單不斷攀升、分手、離婚。生活總會給我們一兩張我們從來沒有預料到、也不知道該如何解釋的牌。我們正快樂地向前走著，滿足於我們脆弱而難以捉摸的對生活的掌控感，突然間，我們被打了一拳，在光天化日之下被搶劫，奪走了我們以為如此穩固的「屬於我們」的生活。當我們發現自己身處在一個我們不認識的故事中，無法回到我們以為自己活著的劇情時，我們會祈禱。我們「祈求」。

「尋找」一詞貫穿整本經文，通常是指神自己。透過國王和法官的故事、詩篇的詩意和先知的呼喊，我們被指示要尋找神。耶穌用尋找這個詞，指出禱告的道路：我們來祈求，在紛亂中發掘關係。我們尋找禮物，也常常得到禮物！但最偉大的禮物、我們真正追求的禮物、我們保證會收到的禮物，就是施予者本身。

「叩門」是耶穌在登山寶訓中關於禱告的教導中的最後一個動詞，是由需要開始的禱告旅程的目的地。從聖經的角度來看，叩門帶出餐桌團契的意象。

在快餐、權力午餐（power lunch）和外賣晚餐盛行的今日世界，這是一個具挑釁性的意象，但在古代希伯來世界，這個意象更具挑釁性，在那裡，接納、尊嚴和平等都是藉由餐桌的團契來賜予的。在當時，與人共餐不只是邊吃點急需的食物、邊容忍對方的陪伴。同桌用餐是對對方品格的最大肯定，也是最真實、最深層的親密關係。

耶穌曾多次因為與稅吏、娼妓和臭名遠播的罪人一起吃飯而受到批評，原因就在於此。拉比在街上與這樣的人交談是一回事，但與他們同桌吃飯呢？這是不可思議的。耶穌對禱告最偉大的實例就是祂的生活——無限的他者、起始與終末、聖潔和無誤，歡迎我們到祂的餐桌前。祂不只是容忍我們與祂同席，或仁慈地接受我們的請求；祂肯定我們的個性、選擇我們與祂同席，並且喜悅我們的同在。

德蕾莎修女寫道：「禱告能擴大心靈，直到它能夠容納上帝賜給自己的禮物。」[2]祈求和尋找，你的心就會變大，足以接受祂，並把祂當成你自己的。

我們為了禮物而來，卻得到了施予者。我們發現自己坐在祂的桌旁，受到歡迎、接納和愛，被餵飽、被聆聽，在慈愛的神的溫暖同在中放鬆。

教會歷史上最著名的聖像之一，可追溯至十五世紀的俄國畫家安德烈·魯布萊夫（Andrei Rublev），通常被稱為「三位一體」（*The Trinity*）。

這幅畫經得起時間的考驗，因為它生動地捕捉到神在一個共同的場景中——聖父、聖子和聖靈坐在一張桌子旁，享受彼此的陪伴。在這裡，我們有一位共融的神參與對話，不費吹灰之力地從細微的談話邁向深度。任何人以任何形式的禱告，都是神的邀請，讓我們坐在桌旁的椅子上，享受與三位一體的神進行安息、親密、不間斷的對話。或如耶穌簡潔地說：「叩門、就給你們開門。」[3]

---

2. Mother Teresa, *A Gift for God: Prayers and Meditations* (San Francisco: HarperSanFrancisco, 1996), 75.
3. 馬太福音7:7.

Isogood_patrick/Shutterstock.com

不接受「不」的婦人

耶穌講了一個關於在等待和沉默中禱告的故事，記錄在《路加福音》中：

> 耶穌設一個比喻、是要人常常禱告、不可灰心，說、某城裡有一個官、不懼怕　神、也不尊重世人。那城裡有個寡婦、常到他那裡、說、我有一個對頭、求你給我伸冤。
>
> 他多日不准，後來心裡說、我雖不懼怕　神、也不尊重世人，只因這寡婦煩擾我、我就給他伸冤罷，免得他常來纏磨我。
>
> 主說、你們聽這不義之官所說的話。　神的選民、晝夜呼籲他、他縱然為他們忍了多時、豈不終久給他們伸冤麼。我告訴你們、要快快的給他們伸冤了。[4]

耶穌講述一個寡婦在法庭上為自己辯護的故事，對一些聽眾來說是咄咄逼人的，對其他人來說則是崇高的。可悲的是，在那個歷史時代，婦女的證詞是不被允許在法庭上使用的。婦女在社會中的地位是如此低下，以至於在司法問題上，她們說話被認為是不可信的。在受貶低的女性階級中，寡婦的地位最低。在希臘羅馬的世界裡，寡婦是不允許工作的，這使得她們得長期依賴社會的施捨——最好的是得到社會救助，但更普遍的是無家可歸。

當耶穌講述一個祈求公義的故事時，他讓社會最底層的一個人擔當主角，這個人的聲音顯然是沉默的，是最沒有權威的。在耶穌的故事中，這位婦人的祈求——「我有一個對頭、求你給我伸冤」——被聽見並獲得允許。這需要堅持，但她的請求不僅被允許，且是「快快的」就被允許了。耶穌選擇的人物告訴那些在禱告中感到無力的人，他們的禱告激起了神的行動，甚至是快速、果斷的行動。

4. 路加福音 18:1–8.

繼續尋找

當然，你們有些人已經在想，是啊，老兄，這聽起來非常詩意，但是錢幣的另一面呢？當我們求而不得，我們尋找而問題多於答案，儘管我們叩門、但門就是不開的時候，怎麼辦？當生活中的事件引領我們禱告，但我們的禱告卻讓我們孤單地在原地徘徊時，又該如何是好？

這三個字——祈求、尋找、叩門——是以希臘文動詞時態寫成的，我們在英文中沒有對應的文法。這意味著禱告不是一個單一的動作，而是一個持續的動作，一個從現在到未來都會發生的動作。《馬太福音》第七章第七節最直白的翻譯是：「你們祈求、就給你們，尋找、就尋見，叩門、就給你們開門。」事實上，許多英文譯本也都是這樣翻譯的，一字不差。[5]

對於我們這些求而不得、尋而不見、叩門而不被接納的人，耶穌的回應是什麼？耶穌如何回應那些忠心禱告、耐心等候、但開始疲倦的人所提出的真實而深奧的問題？

堅持。「不斷地祈求、不斷地尋找、不斷地叩門。」這是個令人不滿意的回應。取決於你特定的等待和沉默的故事，它甚至可能是麻木不仁和令人反感的。

耶穌知道這是很難接受的，所以祂講了幾個故事來說明這一點，使它有血有肉，不是建立在彩繪玻璃建築和說教的理論世界中，而是建立在現實生活的砂礫、腳踏實地的世界中。我最喜歡倔強的寡婦在吝嗇的法官面前不屈不撓地申辯的故事。這個故事

5. 這樣翻的英譯本包括 the Amplified Bible, the Holman Christian Standard Bible, the Complete Jewish Bible, the International Standard Version, the New Living Translation, and the Orthodox Jewish Bible.

是聖經中的原點，因為有些人為了回應禱告所帶來的等待，降低了他們對神的期望，把耶穌直截了當的「祈求、尋找、叩門」宣言淡化成一些好但較次要的版本，讓他們可以緊緊抓住他們所愛的神，而不會因為神似乎辜負了他們而感到失望或憤怒。

耶穌說這個特別的故事是有其動機的。這個故事的寓意很明顯，一般來說，耶穌寓言的意義都是很神祕的，但是路加在這裡偷換了寓意。「耶穌設一個比喻、是要人常常禱告、不可灰心。」[6]路加知道要聽到、看見、明白這些是很難的。他跟耶穌一樣，知道堅持是很難忍受的，所以他直接說出來：「耶穌為你描繪了一幅圖畫，當你沉溺在沉默和失望中時，可以像抓住救生筏一樣抓住它。救生筏來了。」

故事中最有活力的人物——討好的判官，就是故事的應許。「他多日不准，後來心裡說、我雖不懼怕　神、也不尊重世人，只因這寡婦煩擾我、我就給他伸冤罷，免得他常來纏磨我。」[7]

如果耶穌把禱告的人比作堅持不懈的寡婦，他是否也把神比作那判官呢？這似乎不是一面讚美神的鏡子。判官是勉強、自利、惱怒、軟弱的。但是耶穌為我們解釋了他自己的比喻：「主說、你們聽這不義之官所說的話。　神的選民、晝夜呼籲他、他縱然為他們忍了多時、豈不終久給他們伸冤麼。我告訴你們、要快快的給他們伸冤了。」[8]

耶穌並不是將不義的判官與神相比。他將神與判官區分開來。他的觀點是：「如果連這麼壞的判官都會為堅持禱告的人伸張正義，那麼神不就是會更想要看見那些堅持禱告的人得到正義

6. 路加福音 18:1.
7. 路加福音 18:4–5.
8. 路加福音 18:6–8.

嗎？」「禱告不是懇求神為我們做一些祂不知道的事情，也不是懇求神為我們做一些祂不願意做的事情，更不是懇求神做一些祂沒有時間做的事情，」畢德生寫道：「在禱告中，我們堅定、忠心、信靠地來到神面前，將我們自己順服在祂的主權之下，深信祂現在就在為我們行事。」[9]這份信心來自哪裡？來自於我們是祂「所揀選的」的確信，就像耶穌在同一句話中稱呼我們一樣。神現在在做什麼？祂正在為祂所揀選的人——也就是你、我，以及所有稱耶穌為「主」的人，編織歷史，創造一個救贖的、美好的未來。

祈禱與眼淚

經文清楚說明，神收集兩樣東西——祈禱和淚水。這個世界以其現有的形式正在消逝，但我們的祈禱和眼淚是永恆的。

神收集我們的禱告。在《啟示錄》中，我們可以瞥見接受我們禱告的那一端：「二十四位長老、就俯伏在羔羊面前、各拿著琴、和盛滿了香的金爐，這香就是眾聖徒的祈禱。」[10]你知道這意味著什麼嗎？這意味著你所說的每一個禱告，從最簡單的拋棄式請求到最真摯的呼求，神都把它收集起來，就像祖母把幼兒的手指畫和塗鴉剪貼在一起一樣。神珍藏了我們每一句祈禱，甚至是我們已經忘記的祈禱，祂仍在編織這些禱告的實現，祂彎曲歷史的方向，為你我帶來一個偉大的「是」。

約翰的《啟示錄》並沒有以神作為剪貼簿的祖母來結束，而是以神作為大能的救贖主來結束的。在三章之後，那些在天上的

9. Eugene H. Peterson, *Tell It Slant: A Conversation on the Language of Jesus in His Stories and Prayers* (Grand Rapids: Eerdmans, 2008), 144.

10. 啟示錄 5:8.

金禱碗又出現了：

> 另有一位天使拿著金香爐、來站在祭壇旁邊，有許多香賜給他、要和眾聖徒的祈禱一同獻在寶座前的金壇上。那香的煙、和眾聖徒的祈禱、從天使的手中一同升到　神面前。天使拿著香爐、盛滿了壇上的火、倒在地上，隨有雷轟、大聲、閃電、地震。[11]

在適當的時候，神將碗傾倒，將我們的祈求傾倒在地上。祂收集了我們的每一個祈禱，當祂將這些祈禱一次一次傾倒在地上時，救贖就來了。世界更新，天地恢復為一，由神以一個偉大、響亮的「是」，將祂兒女所有的祈禱像淨化之火一樣傾倒出來開始。每個禱告最終都是蒙應允的禱告。有些人仍在等待那聲「是」，但它就要來了。這就是我們所面對的「審判者」。

神收集的不只是夾在「親愛的神」和「阿門」之間的字句。祂也收集我們的眼淚。《詩篇》第五十六篇說：「我幾次流離、你都記數，求你把我眼淚裝在你的皮袋裡，這不都記在你冊子上麼？」[12]

禱告是祈求，是站在天國的高處看，將災難指給神看。但禱告也是哭泣——在一片混亂中，我們看不到上面，只能流著淚尖叫：「主啊，我再也受不了！」

《詩篇》126:5 告訴我們：「流淚撒種的、必歡呼收割。」神不僅會收集每一滴眼淚，祂還會贖回每一滴眼淚。神不只是將我

11. 啟示錄 8:3–5.
12. 詩篇 56:8 ESV.

們的淚水裝瓶，祂也應許當它們觸及大地時，會帶來更新。我們每一滴落在地上的眼淚，都會長出救贖的果實。神扭曲歷史，使最痛苦的時刻成為最偉大的救贖時刻；扭曲故事，以確保我們感受到的痛苦釋放出新生的力量，而我們哭泣的淚水成為更美好世界的基礎。我們得到應許，有一天天父會親自擦去我們眼中的每一滴眼淚。但在那之前，我們活在兩者之間的應許上：「我不會讓你們白流一滴眼淚的。」[13]

因此，這是我們信實的天父向堅忍的寡婦所啟示的應許：「我聽見你們，我要使一切都變好，一切都變新。」新的創造由神子民的禱告播下種子，由他們的眼淚澆灌。兩者都是重塑世界的關鍵要素。

我們對禱告的堅持來自這樣的應許：我們不是向一個不情不願、半感興趣、無能為力的法官禱告，而是向一位深不可測的慈愛天父禱告，他收集我們的禱告就像收集情書一樣，收集我們的眼淚就像收集美酒一樣。

耶穌在寓言中說的最後一句話不是應許，而是挑戰：「我告訴你們、〔神〕要快快的給他們伸冤了，然而人子來的時候、遇得見世上有信德麼。」[14] 在這個故事中，耶穌也承認大多數人在漫長的「祈求」、「尋找」、「叩門」的旅程中會失去動力。祂應許了一個美好的結局，事實上，它不僅贖回了被扭曲的整體創造，也贖回了每個人生命中的每一刻苦難——沒有一個人的生命是白費的。但是耶穌問我們：「當那完全且最後的救贖時刻來臨時，我還能找到有信心的人嗎？我會找到一路上沒有失去信心

---

13. 見詩篇 56:8.
14. 路加福音 18:8.

的人嗎？有誰相信我和我的應許，足以在等待和失望中繼續禱告？」祂會發現我們因靈性的失望而變得空洞和扁平，還是在我們面對黑暗世界的不公時仍然清醒和充滿希望？祂會在我們身上發現那日夜呼求的寡婦的恆切禱告嗎？

當我們對等待變得不耐煩、失去堅持的耐力時，是什麼讓我們繼續禱告？我們必須恢復對神工作方式的了解，不只是在最後的盼望中，而是在一路上所有堅持的行為中。

選擇信靠

珍娜坐在她的哀傷諮商的辦公室裡。她在她每週的約診中，試著篩選出未獲答覆的祈禱所拋棄在她腿上的爛攤子。這是一個問題，而不是答案，是她在毀滅的痛苦和改變的痛苦之間的微妙樞紐。輔導師溫柔地問她：「神會給你什麼理由呢？珍娜，我的意思是，上帝能對你說什麼，來為海倫的死提出合理的理由？祂對於沒有治癒她所能提供的理由，有沒有讓你覺得滿意的？有沒有任何答案可以讓她的離去變得可以接受？」

「事實是，」珍娜緩慢而虔誠地對我說，彷彿我們是在一間華麗的教堂，而不是在一間熙來攘往的辦公室，彷彿回到那天在輔導員辦公室的記憶，就等於踏上聖地，「事實是什麼都沒有。這個覺悟讓我必須做出選擇。我可以擁抱神祕或逃避。我可以安然面對不知道為何我的祈禱沒有被應允，還是這會成為我定義神的經驗，一個壓倒我所有一路走來的其他經驗？如果沒有答案和理由，我還能繼續信靠神嗎？我們都會在某個時刻面對痛苦的迷失，而深具挑戰性的邀請就是，即使在黑暗中也要信靠。」

透過恆切的禱告與神搏鬥，是對真正信仰的肯定，而不是令人苦惱的懷疑。那些只是半信半疑的人不會因為沉默而反感。

我們當中只有那些堅定地相信——堅信到足以全神貫注地走在信仰的枝條上的人，才會感覺到枝條在我們身下斷裂，讓我們在沒有安全帶的情況下自由墜落，才會在意與有時看似善變的神搏鬥——只有這些人才會因沉默而感到不快。

珍娜繼續說著。她的茶已經涼了，我們倆都淚流滿面地沉默著。「痛苦和苦難有能力加深你、改變你，但也有能力毀滅你。我意識到我所背負的痛苦正在毀滅我。」

闖入我們自己故事的痛苦、苦難和需求，會使我們的心變堅硬、還是會軟化我們的靈魂？生吞活剝我們的痛苦如何成為深層轉化的媒介？我們必須邀請神——那位打破我們信任的神——與我們一起陷入泥沼。我們邀請被我們貼上「犯罪者」標籤的那位成為我們的治療者，這是最勇敢的選擇。

珍娜繼續說。「作為一個年輕的基督徒，我的信仰建立在耶穌復活的力量上。吸引我進入故事並帶領我走到這段旅程的神是得勝的救主。現在我認識了這位受苦的僕人和憂患的人。[15]當我圍著神的寶座跳舞時，我的靈性生命就開始綻放，現在當我像多馬（多默）一樣，用手指觸摸耶穌的傷口時，我的靈性生命就不斷增長。」

在那裡，她在黑暗中摸索，她發現的不是一位有復活能力的神，而是一位願意進入黑夜，和她一起在黑暗中摸索的神。一位在花園中哭泣的神。一位掛在十字架上的神。一位受苦的僕人。一位憂患的人。

耶穌揭示了一位具有人性的神，與世界上任何其他宗教形成強烈對比。一位深知在墮落世界中受苦的慘痛性質的神。祂奇

15. 見以賽亞書53.

蹟地治癒了一個痲瘋病人，卻繼續活在充滿痲瘋病人聚居地的世界；祂在另一個嬰兒生來失明的同一天，開啟了一個瞎子的眼睛。這位神顯示治癒的大能，同時也選擇個人的痛苦作為最後治癒的手段。

珍娜在那裡親身發現了帕克．帕瑪（Parker Palmer）所說的真理：「我們的信心越深，就必須忍受越多的懷疑；我們的希望越深，就越容易絕望；我們的愛越深，失去它就越痛苦。如果我們拒絕持有這些悖論，希望活得沒有懷疑、絕望與痛苦，我們也會發現自己活得沒有希望、信仰與愛。」[16]

當珍娜在海倫死後回到她的公寓時，她建立在生活基礎上的故事就像紙牌屋一樣倒塌了。她當時是這樣描述的：「不是上帝不夠強大，就是上帝不夠好。」幾個月之後，她在黑暗中徘徊，在教堂的座椅上翻騰，為失去一個她懷念的、無法回到過去的自己而悲傷，另一個選擇終於向她敞開了。

「那天在悲傷輔導員的辦公室裡，我做了決定。我選擇了信任。不是相信上帝旨意讓海倫患上癌症或死亡，而是相信上帝是良善的，相信上帝在我們的苦難中存在，相信上帝會讓一切煥然一新。」珍娜和我都滿臉淚痕，默默地坐著。不知怎的，在那個熙來攘往的聯合辦公空間中，這間小小的辦公室變得像最華麗的教堂一樣聖潔。

我並不（也永遠不可能）了解神的一切。但我能相信耶穌所啟示的神——那位從未在高高的寶座上俯視苦難，卻總是以平等的立場看著受苦者眼睛的神。我可以信賴這位拒絕在安全距離外

---

16. Parker Palmer, *A Hidden Wholeness: The Journey toward an Undivided Life* (San Francisco: Jossey-Bass, 2004), 82–83.

提供陳腔濫調的神，這位和我一起陷入混亂中的神。

聖經中所有的亮點，上帝光榮介入的時刻，發生在有人選擇信靠之前。每一個奇蹟背後的潛台詞、每一位聖人生命中的背景音樂，都是在面對神不在與沉默的黑暗經驗時，所做出的挑戰與勇敢的抉擇：「我選擇信靠」。

魯益師將這個選擇命名為救贖所源自的偉大挑戰：「我們〔撒但及其爪牙〕的事業最危險的時候，莫過於一個人不再渴求，但仍打算遵行敵人的旨意，環顧宇宙，祂的蹤跡似乎已消失無蹤，並且問自己為什麼被祂遺棄，但仍順服祂。」[17]

處決與拯救

《使徒行傳》第十二章講述彼得超自然地從監獄中獲釋的不可思議的故事。他因為信耶穌而被關進監獄，第二天就要被公開處決。與此同時，教會聚集在某人的家中，舉行通宵禱告會，在凌晨時分，彼得出現在禱告會中。

結果，神在聆聽並行奇妙的事。祂在半夜打開一間上鎖的牢房，引導彼得脫離桎梏，重獲自由，讓他可以重新加入一直為他祈求的教會大家庭。

這是標題。這是每個人都記得的《使徒行傳》第十二章的故事，且是個好故事。但我對標題不感興趣，我被潛台詞所吸引：

> 那時、希律王下手苦害教會中幾個人。用刀殺了約翰的哥哥雅各。他見猶太人喜歡這事、又去捉拿彼得。
>
> （使徒行傳 12:1-3）

---

17. C. S. Lewis, *The Screwtape Letters* (1942; repr., New York: HarperCollins, 2001), 40.

神奇蹟地釋放了彼得，但雅各卻被不義地處死。為什麼？為什麼神奇蹟地回應彼得的禱告，卻沉默地回應雅各的禱告？這兩個人都是他的內圈弟子，他的核心三門徒，所以他並不是偏愛其中一個而忽略另一個。教會當然為這兩個人禱告。如果他們為彼得禱告了一整夜，那麼可以肯定他們也為雅各禱告了。兩人都因為同樣不公義的原因而被同一個腐敗的暴君逮捕和監禁，甚至可能被關在同一間牢房裡。那麼，神啊，為什麼？如果祢有能力把彼得傳送到安全的地方，為什麼要讓雅各死？

我不知道。這是唯一誠實的回答。

以下是我所知道的：神出於慈悲而緩慢地行動，而不是冷漠。我知道神容忍了許多的腐敗，祂以緩慢、慈愛的救贖方式，要求我們在受苦時要有耐心和忍耐力。我知道當我閱讀《使徒行傳》時，我看到的是一個經驗豐富、有韌力的信仰——一個祈禱的民族，他們透過神蹟與神共舞，透過奧祕與神同在。

在《使徒行傳》的動作片段和神蹟蒙太奇的背景中，隱藏著這樣的一群人——他們聚在一起禱告，即使在他們之前嘗試過一次，卻眼看著黑暗得勝之後，至少從他們的觀點來看是如此。儘管禱告未蒙應允，他們仍繼續禱告。他們堅持禱告。

這從何而來呢？只有來自這樣的信念：神把我的淚水裝在瓶子裡，儲存在我的禱告旁邊。兩者都是救贖配方中的重要成分。祂太愛我了，不會讓兩者白白浪費。

我們能再次成為堅持禱告的民族嗎？我們能找回我們古老祖先的遺產嗎？我們能否保存它，將它融入我們的身體，在我們的生命中表現出來？

「繼續祈求，就必賜給你。繼續尋找，你就會找到。繼續叩門，門就給你們開。」這是耶穌給我們的邀請。任何接受祂的邀請並如此禱告夠久的人，最終都會發現自己站在復原的門前。

練習實踐
恆切地禱告

不放棄的寡婦形式禱告，可以用三個動作來理解。

1. 實話實說

不要以勇氣或信心開始。從失望開始，向神訴說你的痛苦和需要。祂收集我們的淚水，而我們也從同樣的方式開始，喚起我們對祂似乎缺席、沉默或拒絕的痛苦經驗。在禱告中向神訴說你的失望，不要輕描淡寫。忘記你的禮貌。實話實說。

2. 聆聽問題

邀請神讓你看到失望之下的問題。當你找到更深層的問題時，你就會知道你已找到根源。在你失望後留下的環境裡，存在著一個關於神的性情的問題。神真的有愛嗎？神真的在聆聽嗎？神真的關心我生命中的這一個部分嗎？神真的有大能嗎？神能醫治這一切嗎？神真的會讓一切趨向救贖嗎？請記住，有一個關於神的個性、神的品格的問題。聆聽，直到你找到它。

3. 求神在問題中與你相遇

將你深層的問題放在神的面前，邀請祂帶來醫治。祂透過這個尖銳問題的過程來醫治，所以你發現的這個問題，內藏醫治的能力。邀請祂，繼續邀請祂。祂是創造奇蹟的神，有時祂會開啟瞎子的眼睛。祂也是一位神聖的夥伴，有時和我們一起在黑暗中蹣跚前進，帶著我們的痛苦。祂是一位治療師。我們唯一的角色就是邀請，不斷地邀請。

透過這個過程，你會發現有信心再次祈求、不斷代禱、將天國盛裝禱告的碗（heavenly bowl）充滿。祂對我們出於職責或咬牙切齒的祈求不那麼感興趣，祂更感興趣的是，我們從復甦的信心中得到醫治的心所發出的祈求。

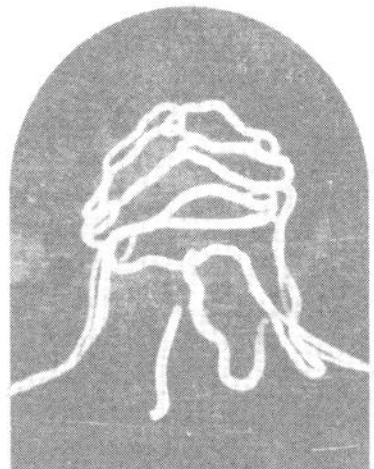

第十章

叛逆的忠誠

不斷地禱告

不住的禱告。

帖撒羅尼迦前書／得撒洛尼前書5:17 ESV

他把她從床上拉起來，一把抓起她的頭髮，握緊右拳，把她帶到市鎮廣場，扔在神殿的臺階前。全場一片寂靜。一個女人面朝下躺在拉比腳下的泥土上。[1]

幾分鐘前，這個通姦的女人還在雙重生活的網中糾纏。她的婚外情繼續著，就像昨天一樣——只是今天，出軌的快感被不速之客的出現打斷了。一位神職人員闖了進來，當場抓住了他們。

發現這一恥辱時刻的神職人員也打破了沉默。「法律規定處以死刑，用石頭砸死她，你怎麼說？」他強迫這個自稱拉比的人在人民和律法之間表態，這是個絕妙的等式，完美的陷阱。那個女人躺在那裡，除了那情人床上薄薄的床單，什麼也沒有，臉頰緊貼著泥土。幾分鐘前無憂無慮的快感已被沉重的羞恥感取代，

1. 這故事見於約翰福音8:1-11。除非特別註明，否則這些引文都是我的意譯。

她被壓在地上。

她的思緒急速轉動。他們知道多久了？還有誰知道？快到接孩子的時間了。有人會告訴他們，更糟的是，他們會帶他們來這裡。他們會讓他們看到我這個樣子。他們會讓他們看，以示警告。當他們真的用石頭砸你時，你會是什麼感覺？

耶穌沒有回答神職人員的問題。他彎下腰，開始在泥土上畫畫。她靠得很近，可以聽到他的食指在沙土上刮擦的聲音，圍觀的人也靠得很近，試圖看清楚他在寫什麼。

在沉默了許久，神職人員準備說些什麼的時候，耶穌說話了。「好吧，用石頭打她。但必須由無罪的人扔擲第一塊石頭。」

當她聽到第一聲聲音時，她退縮了一下，但隨後她意識到，他們不是在對她扔石頭，他們是把石頭扔回地上。

她抬起頭，對上耶穌憐憫的眼睛。「耶穌說：『我也不定你的罪，去罷，從此不要再犯罪了。』」[2]這就是她要永遠講下去的故事。她的羞恥之處變成了憐憫之處。她想要刪除或隱藏在頁底細字中的那個故事，變成了她永遠不會停止講述的那個故事。神就是這樣的作者。祂不會編輯，祂會重新利用和贖回，祂把最糟糕的時刻變成了不可取代的高潮時刻。她最明顯的失敗也是她最大的勝利。

但這個女人不可能知道的是，她生命中真正的掙扎才剛剛開始。在這難忘的一天之後，真正的戰鬥每天都在進行。

在我們的過去，都有過一兩個「女人通姦被抓」的時刻，深刻地改變了我們，但是當談到那段熱情邂逅（忠誠）之後的許多

---

2. 約翰福音8:11.

日子，我們通常會發現，那些日子是令人難以接受和失落的。

靈性生活有高潮也有低潮——超自然的相遇、火熱的激情、醫治性的寬恕；也有孤獨、悲傷、生存危機。但是，在你當地的禮拜堂中，最常見的情況是，普遍的感到無聊。

山頂體驗的興奮感在一段時間後就會消退，我們會發現自己不情願地拖著腳跟在耶穌後面的窄路上，一路打呵欠。但是屬靈的厭倦不一定表示我們在禱告上退縮；事實上，它往往表示我們正在成熟。

信心真正的掙扎是在高潮時刻之後的平淡日子裡，因為我們都知道，卻太過禮貌，不敢直接承認：忠誠是無聊的。

禱告是關於愛

聖經不是一本規則書或一組指示；它是一個愛的故事——一個我們被邀請去相信的浪漫、勇敢的愛的故事。當耶穌保護被扔在他腳前泥土上的蒙羞婦人，並給她尊嚴的時候，我們看到了整個故事的單一場景；但是當我們放大到神從把星星掛在夜空中就開始創造的宏大敘事時，我們也可以同樣清楚地看到這個故事。

聖經故事一開始就以完美的愛作為情節的中心，而罪所引發的衝突是將愛扭曲成較次要的東西。故事中心的樞紐是耶穌的生、死與復活，不忠所造成的傷口被永不放棄的愛所修補。耶穌在他生命的最後一夜，對他的追隨者說了這句話：「我愛你們、正如父愛我一樣，你們要常在我的愛裡。」[3]整部六十六卷的聖經，不是在災難性的天啟裡解決，而是在婚宴上——基督與他的新婦永遠結合。[4]人類的背叛由神聖的忠誠來修復。

3. 約翰福音 15:9.

我們如何保持在愛中？我們如何使聖約之愛成為我們生命中一幕幕戲劇的永恆背景？禱告。「如果你不能愛，你也不能禱告，」約翰尼斯．哈特爾（Johannes Hartl）寫道：「禱告就是愛。學會禱告就是學會去愛。」[5]

愛在最初和最後都是容易的。在蜜月期，當你們彼此迷戀時，愛是毫不費力的——觸摸、說話、著迷。而對那些已經進入成熟期的老夫婦來說，愛情就像呼吸一樣，就像美酒一樣，經過了幾十年的陳年，已經臻於完美。但中間的那些年呢？在創立事業、養育孩子、建立生活、面對考驗的過程中的愛情——那些是需要為之努力和奮鬥的漫長歲月。那些年，早年的迷戀成熟為老夫老妻毫不費力的結合。那是愛情贏得跟失去的歲月。

就像愛情一樣，禱告在罪人和聖人的最初和最後都會出現，但其間所有的歲月都是重要的。禱告是關係，這表示忠誠是禱告能真正發揚光大的唯一容器。

當我十七歲、還是高三學生時，有一個海濱公園就在我放學回家的路上。每週我都會在回家的路上，在那裡停下來，走在公園陰涼的小路上，不慌不忙地與神交談。

我有帶著使命行走禱告的故事，在公立中學的清晨看到復興的火花。我知道強烈和火熱的禱告，我也知道忠誠與愛的禱告。在腓立比公園的那些下午，我不想從神那裡得到任何東西。我沒有希望他贊助的計畫，也沒有希望他滿足的需要。沒有動機，只有愛。我想和神在一起，所以我邊走邊說邊聽。

幾十年過去了，我現在想像那些下午是神的最愛。我無法確

---

4. 見啟示錄 19:6–9.
5. Johannes Hartl, *Heart Fire: Adventuring into a Life of Prayer* (Edinburgh: Muddy Pearl, 2018), 205.

定，但我偷偷懷疑，比起清晨拿著學校名冊和內心的異象，祂更喜歡那些悠閒的午後漫步。因為在那些平日的下午，並不是要改變世界，不是要讓神以我認為神應該有的方式行事，甚至不是為了我自己的問題或需要。沒有任何功能。我們「浪費」時間在我們所愛的人身上。因為我愛神，所以我偷時間與神在一起。

「當我們禱告只是為了試圖影響神，或是為了尋找屬靈的避難所，或是為了在充滿壓力的時刻給予安慰時，禱告就沒有多大的意義，」亨利．盧雲寫道：「禱告是一種行為，藉此我們擺脫所有虛假的屬性，自由地屬於神，而且只屬於神。」[6]

在禱告是關於能力、結果、天兵天將或正義的起義之前，禱告是關於愛。這是我們自由選擇神的方式，祂先自由選擇我們。這是我們向那位不顧一切、喜悅我們的神表達自己的方式，我們接受神的方式。祂有無窮的耐力，將自己獻給一群喜歡自給自足、緊繃下巴和握緊拳頭的人。

愛人的心與僧侶的紀律

「教導我們禱告。」[7]這是我們不斷重複的請求。禱告是人們注意到關於耶穌最多的地方，超越其他一切。禱告是那些親近耶穌的人最羨慕祂的生活的地方。

看耶穌禱告就像看電影《手札情緣》（*The Notebook*）的結局。你知道那部電影。雷恩．葛斯林（Ryan Gosling）和瑞秋．麥亞當斯（Rachel McAdams）經過了年輕、熱情、迷戀的愛情波折後，皺紋漸漸增多，變成了任何其他年老的夫妻。他們在醫院

6. Henri Nouwen, “Letting Go of All Things,” *Sojourners*, May 1979, 6.
7. 路加福音 11:1.

的病房裡，兩人都快走到生命的盡頭。他躺在她的床上，用手臂環繞著她，與她十指交扣，然後他們一起進入夢鄉。垂死，但仍然相愛，仍然緊緊相擁。

每個看過那部電影的人至少都會在那場戲中眼睛有點迷濛，因為那場戲能滿足我們神賜給我們的渴望；我們都想要那樣的親密和陪伴。每個人都想要，但《手札情緣》的編劇和導演只將蜜月階段和成熟的愛情放在最後，是有原因的；這最顯而易見的原因：中間的那些年充滿的只是平凡的忠誠。而忠誠是無聊的。

當你看到忠誠的成果——一對年老的夫婦仍然相愛——每個人的腦海裡都會有一個想法：*這比我擁有的任何東西都要好。我想要那樣。*這就是耶穌禱告時門徒所看到的——忠誠的果實。他們也想要。「教導我們怎樣禱告才能達到那個境界。」

「我們在天上的父、願人都尊你的名為聖。願你的國降臨。願你的旨意行在地上、如同行在天上。」[8] 耶穌在祂典範性的禱告中，所做的事對十二個門徒來說是顯而易見的，但對現代的門徒來說卻是迷惘的。主禱文對耶穌來說並非完全原創。主禱文並不完全是耶穌的創作，也不是祂隨口說出來的。

耶穌改編了卡迪什（Kaddish）禱文的開頭幾句，卡迪什是古代猶太聖殿中定期誦讀的三篇受人尊敬、耳熟能詳的禱文之一。它是這樣寫的：「願他的大名，在他按他的旨意所創造的世界上，被稱頌、被聖化。願他在你的有生之年和你的日子裡建立他的國度。」[9]

---

8. 馬太福音 6:9–10.
9. Jonathan Sacks, ed., *The Authorised Daily Prayer Book of the United Hebrew Congregations of the Commonwealth*, 4th ed. (London: Collins, 2006), 37.

並排來看一看：[10]

卡迪什	主禱文
願他的大名被稱頌、被聖化，	我們在天上的父、願人都尊你的名為聖。
在他按他的旨意所創造的世界上。願他在你的有生之年和你的日子裡建立他的國度。	願你的國降臨。願你的旨意行在地上、如同行在天上。

我並不想在此指控耶穌有任何不道德的行為，但在大學裡，這絕對是抄襲。耶穌改編了聖殿裡一個普通、規範的希伯來禱告，並將它變得更個人化，讓個人的人去尋找個人的神。

「教導我們禱告。」耶穌基本上是這樣回應的：「向神祈禱要比你認為你可以祈禱的更親密，因為這是關於愛的，並且要依照有規律的禱告節奏來集中你的生命，因為忠誠是愛所生長的土壤。」我聽到耶穌在說：「這就是我的祕訣：以愛人的心和僧侶的紀律來禱告。這就是你選擇忠貞的方式，當你這樣做的時候，它會以如此滿足的方式熄滅你的欲望，以至於其他的事情都成了無聊的部分。耶穌是在對他們說，也是在對我們說：「像一群狂野不羈的僧侶一樣祈禱。」

迪特里希・潘霍華（Dietrich Bonhoeffer）曾在一對年輕夫婦結婚當天給了他們一個著名的建議：「今天，你們年輕、深愛彼此，覺得這份愛可以維繫婚姻；但事實並非如此，要讓你們的婚姻維繫你們的愛。」[11]禱告是關於愛的，這表示它不能單靠悸動

10. Adapted from Pete Greig, *How to Pray: A Simple Guide for Normal People* (Colorado Springs: NavPress, 2019), 78.

的感覺、良好的意願和自發性的時刻來維繫。它需要一個容器，就像婚姻的忠誠，一套可以讓愛在其中成長、成熟、開花的實踐或儀式。

《紐約時報》專欄作家大衛．布魯克斯（David Brooks）寫道：「以一個人的身分生活，然後突然變成兩個人，這是一種入侵。然而，這也是一種獎勵。長期幸福婚姻中的人們贏得了人生的彩票……。激情在年輕人中達到高峰，但婚姻卻在老年時達到高峰。」[12] 正如老年夫婦在多年的陪伴中越來越像彼此，我們也在數小時的談話、數年的陪伴中越來越像耶穌。

這個想法既不新穎也不新奇。從現代教會歷史一直追溯到教會創始之初，禱告的固定韻律已經貫穿不同的傳統和時代，成為神和祂子民之間關係的基礎。

像僧侶一樣祈禱

這就像耶穌教導我們的禱告方式包括這個無可避免的邀請：學習在平凡的世界中像僧侶一樣生活。從歷史上來看，這是神的子民一直在敲的鼓。

在包含基督教信仰根源的希伯來傳統中，一直都有每日禱告

11. 羅納德．羅海瑟在《家的修道院》（*Domestic Monastery*）(Brewster, MA: Paraclete, 2019), 41. 中這樣轉述了這段話。這段話同樣也出現在迪特里希．潘霍華的《獄中書簡與文稿》（*Letters and Papers from Prison*）中：「就像你們把戒指給了彼此，現在又從牧師的手中第二次接過來一樣，愛是來自你們，但婚姻是來自上面，來自上帝……。不是你們的愛維繫婚姻，而是從現在開始，婚姻維繫愛。」(“A Wedding Sermon from a Prison Cell: May 1943,” in *Letters and Papers from Prison* [1953; repr., London: SCM, 2001], 27–28).
12. David Brooks, *The Second Mountain: The Quest for a Moral Life* (New York: Random House, 2019), 139.

的節奏：每天停頓三次禱告——早、午、晚。事實上，所有偉大的靈修傳統都堅持某種形式的每日禱告節奏。[13]這是《但以理書／達尼爾》的中心情節，他拒絕放棄在巴比倫文化中向耶和華祈禱。他不會停止每天三次跪下、面向耶路撒冷的窗前禱告。他以每日禱告的節奏生活，他不會按照那異地的文化、習俗和期望來安排他的禱告生活。這就是讓他被丟到獅子堆裡的冒犯。

同樣地，《詩篇》作者聯合了所有神的子民的聲音：「至於我、我要求告　神，耶和華必拯救我。我要晚上、早晨、晌午、哀聲悲歎，他也必聽我的聲音。」[14]

耶穌自己也遵守每天禱告的節奏。每一本福音書都有描述耶穌在固定的禱告時間從他的活動中抽身出來。耶穌禱告的場景共有十七處。

值得注意的是，並非每次提到耶穌禱告都是依照固定的每日禱告節奏來規劃的。舉例來說，聖殿的習慣不是在月光下熬夜長途健行禱告，因此耶穌的禱告確實是即興的。但同樣重要的是，耶穌確實是依照固定的每日節奏來禱告。大量的歷史證據顯示，耶穌是依照聖殿的節律來禱告，一天三次，與我們在《但以理書》和《詩篇》中看到的早、午、晚節律相同。[15]新約神學家史考特・麥克奈（Scot McKnight）總結：「耶穌在以色列神聖的韻律中禱告，祂親身體會到這些韻律對祂的影響。」[16]耶穌在聖殿固定的時間，以自己的言語和《詩篇》的引導，自發且慣常地禱

13. See Richard Rohr, "Contemplation and Compassion: The Second Gaze," in *Contemplation in Action* (New York: Crossroad, 2006), 15–16.
14. 詩篇 55:16–17.
15. 更多的學術支持與聖經脈絡請參見 Scot McKnight, *Praying with the Church: Following Jesus Daily, Hourly, Today* (Brewster, MA: Paraclete, 2006).
16. McKnight, *Praying with the Church*, 31.

告，獨自禱告或與他人一起禱告，傾訴他的情緒。耶穌的禱告就像一個狂野不羈的僧侶。

早期教會（我們試圖重拾早期已有一千七百年左右的歷史的教會的共同生活）以每日禱告的節奏生活。在《使徒行傳》中，使徒們完全接續了他們的拉比所留下的腳步，像耶穌教導他們的那樣禱告。

> 申初禱告的時候、彼得、約翰、上聖殿去。（使徒行傳3:1）

> 二人既被釋放、就到會友那裡去、把祭司長和長老所說的話、都告訴他們。他們聽見了、就同心合意的、高聲向　神說。（使徒行傳4:23-24）

> 第二天、他們行路將近那城、彼得約在午正、上房頂去禱告。（使徒行傳10:9）

我們在教會生活中最早的非聖經文件稱為十二使徒遺訓（Didache），其中詳細記載了初期教會中所有基督徒所遵守的早、午、晚禱告。[17]

你有沒有想過，在一個沒有手機的世界裡，使徒們如何能夠在一個巨大的城市裡召集分散的會眾舉行緊急祈禱會呢？最有可能的解釋是，他們已經在每天的固定時間聚集禱告。

數世紀以來，教會假定每天都有共同的禱告節奏，但羅馬帝國卻滅亡了。當這件事發生時，教會在其歷史上第一次與政治權

---

17. See McKnight, *Praying with the Church*, 35.

力結盟，失去了耶穌所說的鹽味。[18]在那時刻，他們失去了對禱告的興趣。

第一批修道院成立於第四和第五世紀，純粹是為了延續早期教會的共同生活。由於與權勢掛鉤，教會生活變得淡化，因此少數信徒退出，回到早年如野火般傳遍希臘羅馬世界的強烈表達方式。最初的修道士，現在被稱為沙漠之母和沙漠之父，他們都是普通人，希望繼續過耶穌和使徒們的普通生活方式。那些沙漠社群就像狂野不羈的僧侶一樣祈禱。

《使徒行傳》是早期教會的聖經歷史書。我挑戰你閱讀它全部的內容，並特別標出每一句提到「當我們往禱告的地方去」（或在你的翻譯中的相對應語句），並觀察對每日植根於委身禱告的生活所帶來的結果。

在《使徒行傳》第二章，五旬節有舌頭如火焰顯現出來，信徒們正聚集在一起做早禱（早上九點）。在《使徒行傳》第三章，彼得和約翰在中午禱告的途中（下午三點）行了復活後第一個奇妙的醫治。在《使徒行傳》第四章，聖殿的根基因教會平常的禱告聚會而震動。在《使徒行傳》第十章，彼得得到異象，知道福音不只是為猶太人，而是為全世界，耶穌的家庭在午禱時擴展到萬國。

甚至在《使徒行傳》第二章中，我們也讀到教會成立時的摘要：「都恆心遵守使徒的教訓、彼此交接、擘餅、祈禱。」[19]「禱告」的希臘文是複數，這在某些翻譯中也有反映，幾乎可以肯定是指每日禱告的固定節奏。[20]早期教會的超自然生活包括奇事神

18. 見馬太福音5:13.

19. 使徒行傳 2:42.

20. See Paul Kroll, "Studies in the Book of Acts: Acts 2:42–47," Grace Communion International, https://learn.gcs.edu/mod/book/view.php?id=4475&chapterid=56.

蹟、極大的慷慨、反文化的社群，以及每天湧入的救恩之潮。[21]

早期基督徒比我們今天一般人更重視聚在一起禱告，他們也比我們今天一般人更能集中聖靈的能力。當我們禱告，向神表達我們的愛時，神的能力或多或少會在不經意間被捲入。

在整個聖經故事和早期教會歷史中，禱告是基督徒團體生活的支柱。我懷疑當使徒保羅指示教會「不住的禱告」[22]時，他心目中既有內在的恆常狀態，也有外在的、委身的、具體的韻律。這請求就像是「像一批狂野不羈的僧侶一樣禱告」，當你如此禱告時，愛與力量就會從你的內在一起綻放。

每日的禱告節奏

我不是在提倡一種新穎的禱告方式，而是一種古老的。就像亞伯拉罕死後的以撒一樣，我正在重新挖掘非利士（培肋舍特）人所填滿的水井。[23]我不是在挖一口新井；我只是在清理被遺忘的古井中的雜物，好讓新世代的人可以來喝水。

現代教會亟需教會最具歷史性的慣例之一——一個在我們時代已被遺忘的慣例——每日禱告的節奏。我們不能只是回顧和浪漫化另一個時代。我們需要的是，現在就活出來。回到我們開始的地方，禱告是實踐多於理論。如果我們想要合乎聖經的經驗，我們就必須過合乎聖經的生活，在新的時間和地點，採取合乎聖經的實踐。

每日禱告的節奏是關於忠誠。它絕對與愛有關，也絕對與律法主義無關。耶穌的個人紀律總是關於自由和生命。當祂從床上

21. 使徒行傳 2:43–47.
22. 帖撒羅尼迦前書 5:17 KJV
23. 見創世記 26:18.

爬起來，獨自到橄欖山上禱告時，是愛驅使祂到那裡去，而不是屬靈的記分卡。對耶穌而言，與天父同在是祂最深的渴望、認同的根源，也是通往真正生命的唯一道路。心理學家大衛・班納寫道：「對耶穌來說，管教是以關係為基礎，以欲望為塑造，對我們來說也應該如此。」[24]神不是在考勤或打分數，這是關於愛。根據與神的親密關係來安排你的一天，就是活出以祂為你的初戀的意念。

承諾，而不是感覺，是我們表達愛的方式。大衛・布魯克斯將承諾定義為「愛上某件事（或某個人），然後在愛動搖的時候，圍繞著它建立一個行為結構。」[25]耶穌邀請我們負起祂「輕省的軛」[26]時，也是在說同樣的事。這就是每日禱告節奏的全部——一個支持我們最深渴慕的結構，即使我們的感覺和情緒背叛了我們。

耶穌是活在一個沒有 iPhone 跟電子郵件的世界中，一個甚至沒有時鐘的世界裡，以每日禱告的節奏生活著。對耶穌和祂最早的追隨者來說，與神的交通標誌著時間的流逝。其他的事情都是在禱告之前或之後的一段時間發生的。其他一切都圍繞著禱告為優先，而非以禱告圍繞著其他事情為優先。與愛的神交通是生活的中心，是他們每天的錨。

是什麼牽動著你的一天？可能是你工作的需求、手機通知的嗡嗡聲，或是你電子郵件的收件匣？你的下一餐或距離週末的時間？旅行開始前的日子？有些東西設定了你每天的生活節奏。有

24. David Benner, *Desiring God's Will: Aligning Our Hearts with the Heart of God* (Downers Grove, IL: InterVarsity, 2015), 29.
25. Brooks, *Second Mountain*, 56.
26. 見馬太福音 11:28–30.

些東西標記了時間的流逝。無論那是什麼，你都應該好好思考這些問題：*它是否讓我完整？它是愛我還是想控制我？它關心的是我最深層的福祉，還是想向我兜售什麼？它是在塑造我成為最好的自己，還是在煽動我的自私？它是讓我活著，還是讓我精疲力竭？*因為任何在中心的東西都會界定你，並將你塑造成它的形象。

如果你每天的中心都是與化身為愛的神交談會如何？如果你每天醒來的思緒都是在與神一起做夢——大到「國降臨」，小到「日用的飲食」[27]的夢，你會怎麼想？如果你在中午溜走幾分鐘或幾秒鐘，因為所有其他力量都在爭奪你的注意力，但只有耶穌擁有你的心？如果你在回家的路上，或是晚上睡覺前的最後時刻，回憶今天看到天堂穿透大地的壯麗與微小，你會怎麼想？如果你的每一天都是屬於那位愛你而不需要控制你的神、那位以你最深層的福祉為主要關懷的神、那位溫柔地將你塑造成最好的自己，並且以豐盛的生命為你的疲憊注入活力的神？如果忠於耶穌就是一切，而你選擇忠於耶穌的方式就像禱告一樣簡單呢？

這不是喧嘩的呼召，而是更有紀律、更具規範、更例行的禱告生活。這是一種寧靜的反叛，是一種自由的選擇，讓我們以不同的愛的秩序過活，在另一位君王的行列中，依照不同的節拍前進。

演奏爵士樂

早期基督教世紀所遵守的每日禱告節奏包括與聖經歷史上的聖人一起禱告。詩篇、由三段聖經經文（申命記6:4-9）所組成

27. 馬太福音6:10–11.

的舍瑪（Shema），以及主禱文，都是禱告的神聖節奏。[28] 早期基督徒的禱告是由他們古老的祖先所塑造的。

近代以來，對有規律、有節奏的禱告的抗拒，與對自發、經驗式禱告的執著同時出現。畢德生觀察到：

> 在許多美國基督徒中，有一種普遍的偏見，就是反對死記硬背的禱告、重複的禱告、「書本」式的禱告——即使這些禱告是直接從「耶穌書」中摘錄出來的。這是一個錯誤。自發的禱告提供一種快樂和聖潔的滋味，重複的禱告提供另一種同樣快樂和聖潔的滋味。我們不必在兩者之間做選擇。我們一定不要在兩者之間做選擇。它們是禱告的兩極。主的重複禱告（和大衛的重複禱告）為我們自發、飛行、探索、默想、嘆息和呻吟，提供了堅實的基礎，這些都是保羅敦促我們的「不住的禱告」（帖撒羅尼迦前書 5:17 欽定版聖經）。[29]

現代教會已經忘記了滋養靈性生命所需的禱告節奏，因為我們已經誤以為自發的、令人難忘的經驗性禱告是唯一真實的禱告。但這種真實性的觀點是不切實際和功能失調的，而不是純正和明辨的。

祈禱就像爵士樂，爵士樂是即興的。爵士樂團不會盯著樂譜看；他們會沉浸在音樂中，讓音樂帶領他們。管弦樂團中的薩克斯風手在精緻、正式的歌劇院中以完美的姿勢坐著。爵士樂三人組中的薩克斯風手在煙霧瀰漫的喧鬧俱樂部中演奏時，背部弓

28. See McKnight, *Praying with the Church*, 31–32.
29. Eugene H. Peterson, *Tell It Slant: A Conversation on the Language of Jesus in His Stories and Prayers* (Grand Rapids: Eerdmans, 2008), 265, italics in original.

起，閉上雙眼，臉上流露出深深的滿足感。他是在「感受」音樂，而不是在閱讀音樂。爵士樂的有趣之處，在於它需要對樂器有堅實的理解、豐富的知識和長時間的練習，讓即興演奏不僅成為可能，而且樂在其中。簡而言之，如果你想演奏爵士樂，你必須先學習樂譜。如果你想要熱情、自發、自由地祈禱，你必須先學習樂譜。

耶穌在客西馬尼跪下，因害怕和焦慮而流下血汗，他開始禱告：「我父阿、這杯若不能離開我、必要我喝、就願你的意旨成全。」[30]耶穌在《馬太福音》第二十六章的禱告與《馬太福音》第六章的主禱文如出一轍：「我們在天上的父、願人都尊你的名為聖。願你的國降臨。願你的旨意行在地上、如同行在天上。」[31]在那痛苦的時刻，祂不由自主說出來的話，與幾年前祂教導門徒如何禱告的方式非常相似。情境雖然完全不同，但禱告的內在節奏與方式卻如出一轍。有人說，在混亂的時刻，我們不會迎難而上，而是會跌落到我們所受訓練的程度。在極度混亂的情況下，耶穌肩負著世人受苦的重擔，他沒有迎難而上，而是跌落到自己所受訓練的程度：「我們在天上的父……願你的旨意行在地上。」

將這些古老的、經常背誦的祈禱話語融入你的血液中，當你最需要的時候，它們就會從你身上流出來。自發禱告的難忘時刻來自扎根的、有紀律的禱告生活。

30. 馬太福音26:42.

31. 馬太福音6:9–10.

主護村

回到主護村的復興，我們看到一幅透過禱告叛逆忠於耶穌的真實圖畫。當青岑多夫伯爵歡迎這四十八位難民，並將家族財產變成主護村時，這場復興的火花便意外地點燃了。他們夢想重拾早期教會的激進力量；但幾年之後，他們幻滅了，清醒地認識到他們的共同協議和集體意志力是不夠的。他們的異象在他們領袖雄辯滔滔的口中是乾淨和鼓舞人心的，但在彼此的關係中卻是混亂和平凡的。

面對自己的弱點，他們終於開始像僧侶一樣祈禱；四十八位難民承諾每天以有規律的節奏禱告。這個承諾持續了剛好五年，一個只有三十二戶人家的難民村，在不經意之間發起了世界歷史上最偉大的宣教運動。

從這些難民開始的禱告會，一天二十四小時、一星期七天、一年三百六十五天，持續了一百年——一個不斷禱告的世紀。摩拉維亞的復興是一個百年的禱告會，它把小村莊主護村變成十八世紀的宣教基地，也是現代宣教運動的催化劑。

他們不是狂熱分子；他們是激進分子（源自拉丁文 *radix*，「根」）[32]。他們透過堅定的實踐深深扎根，成為激進分子。他們選擇忠於耶穌，而耶穌會把最好的冒險留給那些自由選擇祂的愛的人。他們開始像最狂野、最不顧尊嚴的修道士一樣祈禱，結果他們的故事甚至超越了他們崇高的願景。真正的激進分子總是植根於深處的。

他們的祕訣是什麼？很多人都會問這個問題。很多人都想把

32. See John Michael Talbot, *The Jesus Prayer: A Cry for Mercy, A Path of Renewal* (Downers Grove, IL: InterVarsity, 2013), 52.

摩拉維亞復興的魔力裝瓶模仿。用青岑多夫自己的話來說，這就是祕訣：「我只有一個熱情。就是祂，只有祂。」[33]

對他們來說，一切都是關於愛。復興並不是關於一位有宣教策略和五部曲計畫的救主；復興是關於一位在人們蒙羞時為他們辯護的救主，讓他們站起來，看著他們的眼睛說：「我也不定你的罪。」[34]

當那是你的故事時，最重要的是，留在那份愛裡。每日禱告的節奏不是復興的捷徑，也不是煽動強大力量的花言巧語；它是一條通往叛逆忠誠的道路，是透過禱告來表達的愛，是在所有平凡日子裡，繼續選擇祂的承諾。國度是從那些先尋求它的人身上滲入的，而這需要練習。

叛逆的忠誠——這才是真正的寶藏。

---

33. This famous saying of Zinzendorf is documented in many places, including Greig, *How to Pray*, 111.
34. 約翰福音 8:11.

練習實踐

每日禱告節奏：早、午、晚

早晨：主禱文

與神一起開始新的一天。這個簡單的練習無關乎紀律或個性，而是關乎愛。我尚未發現有任何一位對神的國度有重大影響力的男女信徒，在一天的開始時**沒有**透過禱告建立與耶穌愛的結合。

「次日早晨、天未亮的時候、耶穌起來、到曠野地方去、在那裡禱告。」[35]十三歲時，我讀到這節經文，它喚醒了我內心最簡單的渴望：**我想要像耶穌那樣禱告**。所以每天晚上，我都會把鬧鐘調早十五分鐘（就十五分鐘）。我會打開聖經《馬可福音》第一章，把它放在鬧鐘上面。第二天早上，當鬧鈴猛地把我吵醒，而我青春期打盹的本能又占據上風時，我的右臂就會擺到鬧鐘上，落在這些字上面：「次日早晨、天未亮的時候、耶穌起來。」

這個簡單的習慣讓我在一天中最早的動作中做出選擇，當時我的心是願意的，但我的肉體是軟弱的。在我想要多睡幾分鐘的表面欲望之下，有一個更深的欲望，就是要像耶穌一樣認識天父。借用約翰．馬克．寇默的一句話：「如果你想體驗耶穌的生命，你就必須採行耶穌的生活方式。」[36]這個簡單的習慣是我禱告生活的開始，這樣的生活變得深刻個人、狂野冒險，並且奇妙地令人敬畏。

---

35. 馬可福音1:35.
36. John Mark Comer, *The Ruthless Elimination of Hurry* (Colorado Springs: WaterBrook, 2019), 82.

無論你的晨間慣例如何，我要謙卑地建議你一個新的目標、調整或增加：像耶穌教導我們的那樣禱告。每天早上禱告主禱文。耶穌在《馬太福音》第六章和《路加福音》第十一章中的教導性禱告，不僅是救主教導我們禱告方式的字面應用，也是我們百分之百確定最早的教會以禮拜方式禱告的文獻記錄。[37]我的意思是，讓這些話語在主題上帶動你與神進行非常個人化的對話。

午間：迷失的人

耶穌在談到透過救恩與神建立盟約關係之外的人時，經常使用「迷失」一詞。「迷失」形容一個人在尋找家、尋找安全、尋找安寧，但卻不確定自己的方向是否正確。這是一個憐憫的字眼，不是分類，更不是譴責。耶穌形容自己是尋找迷失羊群的好牧人，甚至說：「在天上也要這樣為他歡喜、較比為九十九個不用悔改的義人、歡喜更大。」[38]

當我們為迷失的人祈禱時，有幾件事情同時發生。我們正在恢復牧者的心，讓神讓我們的心為祂心碎的事情而破碎。我們正在行使代禱者的權柄，呼召上天出於彼此的愛來行事。我們冒著被差派的風險，知道神經常委派我們去，用我們的手和腳來體現我們的祈禱。

我要你想像一下（請縱容我一下）。你在一天的工作中，無論是坐在桌前、駕駛卡車、在片場跑來跑去、安撫喧嘩的教室、在收銀機後接訂單，或是養育孩子——想像自己就在一天中的中間點。

現在，你只要花一、兩分鐘就能暫時逃離工作一下。可以

---

37. See McKnight, *Praying with the Church*, 61–65.
38. 路加福音 15:7.

是在辦公桌上沉思片刻，可以是在辦公樓外的街區散步，也可以是逃到洗手間的神聖隔間。你逃避是因為你知道一個祕密。你知道這個祕密，每個人都瘋狂地建立這個王國，讓自己的身體和大腦多花幾個小時專心工作，但這個王國並不能屹立不倒。你知道有一位天父會吸引靈魂歸向他自己，有一位好牧人在用愛心追尋他迷失的羊。你偷跑是因為你必須這樣做。你必須這麼做，否則你會忘記這個祕密。你會開始相信同樣微妙的謊言，以為這個小小的、短暫的國度才是最終的國度；以為你的生產，而不是你的愛，才是最有價值的。你需要重新定位你的情感、你的思想、你存在的中心，因為神是藉著忠心、猶如產痛的禱告來吸引迷失的人歸向他自己，並且更新禱告者的熱情。

晚上：感恩

我們傾向於把一天的殘羹剩菜帶到晚餐桌上。我們將當天發生的事情帶回家，這並不是因為我們想這樣做，但不知何故，我們還是這樣做了。如果你在回家的途中，不是為了一次不愉快的互動而煩惱，或是計畫如何處理某種狀況，或是希望自己還能多做一件事，而只是站在地鐵桿旁，或是握緊方向盤，敘述這一天中值得你感謝神的一切，那會如何呢？

莫里斯．韋斯特（Morris West）指出，在屬靈旅程的某個階段，我們的禱告詞彙會被歸納為三個短語：「謝謝你！謝謝你！謝謝你！」[39] 享受我們的生命，品味我們的日子，就是對神甜美的讚美。

在猶太人的逾越節期間，以色列人傳統上會唱一首稱為**達音**

39. Morris West, *A View from the Ridge: The Testimony of a Twentieth- Century Christian* (San Francisco: HarperSanFrancisco, 1996), 2.

諾（*Dayenu*）的感恩歌。**達音諾**的意思是「這就夠了」[40]。我曾聽過一位牧師提供這樣的翻譯：「感謝祢，上帝，因祢做得太多了。」

達音諾的禱告聽起來像是：「神啊，今天的午餐本來就夠了，但祢給了我資源，讓我可以選擇我想吃的食物種類和選項。」

「上帝，我所選擇的午餐本來就夠了，但祢創造了一個充滿風味、香料和文化的世界，讓食物不僅僅是燃料，還能提供藝術和美味。」

「上帝啊，我選擇的美味午餐本來就夠了，但你給了我一個同事，讓我可以和他一起分享食物，一起談天說地。」

「感謝你，上帝，祢已經給得太多了。」

這就是**達音諾**。在三十秒或三十分鐘內，我們就是這樣祈求感恩。這是一個很小、很容易處理的轉變，卻會結出非凡的果子。如果你開始在餐桌上擺放聖靈的果子，而不是當天的殘羹剩菜呢？

每日禱告節奏的應用程式

我與 24-7 Prayer 合作，創造了 Inner Room 應用程式，它是這個練習中所列出的每日禱告節奏的配套資源。它包含了早禱、午禱和晚禱的文字和語音指引。它有多種語言版本，與多種裝置相容，你可以在你下載應用程式的任何平台上取得。Inner Room 應用程式也可以在 www.tylerstaton.com 找到。

此外，你可以掃描此 QR code 來觀賞影片並下載應用程式。

40. "Dayenu: It Would Have Been Enough," My Jewish Learning, www.myjewishlearning.com/article/dayenu-it-would-have-been -enough.

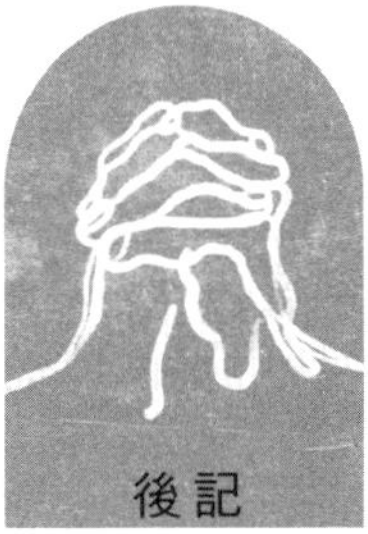

建立大衛的帳幕

到那日，
我必建立大衛倒塌的帳幕、
堵住其中的破口、
把那破壞的建立起來、重新修造、像古時一樣，
使以色列人得以東所餘剩的
和所有稱為我名下的國，
此乃行這事的耶和華說的。
阿摩司書／亞毛斯 9:11-12

「嘿，老兄，你要再來一杯蘇打水嗎？」

我抬起滿是淚痕的臉頰看著他。

「不用了，我很好。」

整個地方只有我和另外一個人，所以酒保真的充滿讓蘇打水源源不絕的動力。不過在那次簡短的互動之後，他就與我保持距離。我明白了。一個人趴在聖經上哭泣，可不是在愛爾蘭酒吧的正常行為。

那是二月的一個星期一晚上。我獨自坐在一家酒吧閱讀——那是一家所有東西都長期黏糊糊的酒吧，唯一的播放列表是一九九九年的另類搖滾樂。我想在星期一晚上九點半找個地方閱讀，但選擇有限，於是我走進去，在吧檯旁坐下，打開一本聖經，讀起這些來自早已被遺忘的先知阿摩司的古老話語：

到那日，
　　我必建立大衛倒塌的帳幕、
　　　堵住其中的破口、
　　　把那破壞的建立起來、重新修造、像古時一樣
　　　（阿摩司書9:11）

我坐在吧檯邊喝著汽水，當火柴盒二十的音樂在無情的配樂襯托下響起時，一切都湧上心頭——阿摩司預言下的故事。

故事

有人告訴大衛王說、耶和華因為約櫃、賜福給俄別以東的家、和一切屬他的，大衛就去、歡歡喜喜的將　神的約櫃、從俄別以東家中抬到大衛的城裡。抬耶和華約櫃的人走了六步、大衛就獻牛、與肥羊為祭。大衛穿著細麻布的以弗得、在耶和華面前極力跳舞。這樣、大衛和以色列的全家、歡呼吹角、將耶和華的約櫃抬上來……

眾人將耶和華的約櫃請進去、安放在所預備的地方、就是在大衛所搭的帳幕裡，大衛在耶和華面前、獻燔祭和平安祭。（撒母耳記下6:12-15, 17）

在《撒母耳記下》第六章的故事發生之前七年，大衛受膏為以色列國王。至少可以說，他的王位之路是非常規的。以色列的

第一任國王掃羅受到大衛的威脅，因此他花了很多時間從一個城鎮到另一個城鎮追捕大衛，試圖殺死他——這是現實生活中最危險的遊戲。最後，在掃羅死後，大衛被任命為國王。但是，掃羅的兒子伊施波設（依市巴耳）卻不請自來，用民兵包圍了王宮，以武力奪取了王位。因此大衛一直住在鄉下的小鎮裡，等著這個冒牌貨不再睡在他的御床上——七年。那有足夠的時間來做白日夢，夢想王室進城。有充裕的時間想出政治策略。

這就是大衛的登場如此令人震驚的原因。這是他期待已久的皇室巡遊，他的加冕日，他的凱旋進城。令人瞠目結舌。

毫無疑問，人們在看到遊行之前就先聽到他來了。整支軍隊在行軍，唱著大衛自己為這個場合所作的歌。歌詞就在我們的聖經中，我們稱之為《詩篇》第二十四：

眾城門哪、你們要抬起頭來，
　　永久的門戶、你們要被舉起，
　　那榮耀的王將要進來。[1]

聽起來很適合皇家遊行，不是嗎？

榮耀的王是誰呢？
　　就是有力有能的耶和華、
　　在戰場上有能的耶和華。[2]

1. 詩篇 24:7.
2. 詩篇 24:8.

等等，什麼？大衛不是榮耀之王？是打錯字嗎？大衛是個經驗豐富的作曲家，他知道自己在做什麼，而這是副歌，所以在《詩篇》中重複出現：

> 眾城門哪、你們要抬起頭來，
> 　永久的門戶、你們要把頭抬起，
> 　那榮耀的王將要進來。
> 榮耀的王是誰呢？
> 　萬軍之耶和華、
> 　他是榮耀的王。[3]

大衛王在讚美歌聲中進入，但他不是歌中所讚美的王。「萬軍之耶和華——他是榮耀的王」。

大約在這個時候，行軍登上山頂，開始下山進入耶路撒冷。圍觀的群眾預期會看到士兵和法術師的長隊，國王被抬在古代等同遊行的花車上，坐在寶座上，身披皇袍、頭戴重冠。掃羅很可能就是這樣進來的。他們等著看的就是這一幕。

他們實際看到的是大衛，他們的新王，站在遊行隊伍的最前面，穿著麻布的祭司聖衣，正在跳舞。亞麻布的祭司聖衣——那是大衛為他的大日子所選擇的裝束，而不是預期中的皇袍和王冠。這是祭司的衣服，不是貴族的衣服。它也不是尊貴的外袍，而是祭司的內衣。大衛象徵性地說：「我不是來坐寶座的王；我是來帶領你們進入神面前的祭司。但我是祭司中最卑微的，沒有資格穿戴袍子和穗子。」

---

3. 詩篇 24:9–10.

新王來了。大衛唱著讚美神的歌，卻穿著祭司的內衣跳舞。看起來很愚蠢，但卻是一種神聖的愚蠢。

遊行隊伍的後面有一輛花車，但它並不是大衛的寶座，而是約櫃。約櫃是一個神聖的木箱，以色列人在出埃及時帶著它穿越沙漠，象徵著上帝與他們同在。這個盒子是天地之間的交點。當神的子民取得應許之地，方舟帶領隊伍經過約旦河分開的水域。

當一切變得安逸時，掃羅王把方舟留在異地。這正是人們對待上帝常有的態度。當我們感到舒適時，我們就把祂丟在一旁。大衛找到方舟，把它放在寶座上。神，真正的王，坐在尊貴的座位上。大衛，跳舞的祭司，慶祝神回到祂的子民中。

當大衛走在百老匯大道上時，每個人的下巴都掉到地上了。當他到達市鎮廣場時，他已在市中心安排了一個帳篷，就在宮殿門外——一個摩西的會幕形式的帳篷，以色列偉大的拯救者在那與神面對面對話，就像一個人與朋友說話一樣。大衛把方舟放回會幕中，稱之為「帳幕」[4]。

不要想像一個炫目、華麗的聖殿。我們甚至不是在談論另類和前衛的東西。英文的 *tabernacle* 是希伯來文 *sukkah* 的翻譯，意思是「亭子」或「住所」。那是一個毫不起眼、臨時搭建的臨時庇護所，就像我們今天所說的帳篷。大衛的偉大構想是七年等待和夢想的結晶，他說：「如果我們搭一個帳篷呢？一個任何人都可以來敬拜禱告的帳篷。沒有什麼花俏的東西，只是在市中心有一個共同的空間來祈禱。」

當一位新總統當選時，他們第一件要做的事就是立即處理向選民承諾的事，也就是選定來定義他們傳承的新寵計畫（pet

4. 撒母耳記下 6:17 KJV.

project）。大衛在成為以色列國王的第一天，第一件事就是在市中心重建摩西的會幕。起初，他的王室顧問可能認為帳幕只是一個象徵，是紀念出埃及的一種方式。「當然，」他們一定會想，「我很贊成慶祝歷史。」但對大衛來說，這帳棚不只是一個象徵；它是一個價值的聲明，也是對現狀的威脅。

大衛入城之後，進了宮殿，與他的顧問團坐下來，制定計畫。大衛聘請了 288 位敬拜領袖、先知和長老在帳幕裡禱告和敬拜，大概是一天二十四小時。[5]他是一位在部族戰爭時代帶領軍隊的國王，他剛才為了禱告而清空了國家的儲蓄帳戶。你能想像他在會議中提出這個策略計畫嗎？「戴夫[6]，我們需要加強防禦，以對抗圍繞我們的軍隊，而你想把錢全花在祈禱帳篷上？」

「是的，沒錯！」

然後他就做了。

大衛作以色列國王的 33 年中，敬拜和禱告一天二十四小時都在進行，大衛將禱告重新放在神子民的中心。他邀請每一個人，不論男女、奴隸或自由人、以色列人或異教徒。大衛作王的 33 年是復活前唯一能沒有限制地進入與神同在的時間。大衛的帳幕是舊約世界中的新約現實。這就是這個禱告帳幕的驚奇。

我對教會有這樣的夢想：在神子民的中心禱告。我夢想在我的城市中心有一個獨立的空間，任何人都可以來這裡祈禱。這個空間因著許多人的禱告而被聖化，他們的讚美、盼望和渴慕，使這個空間充滿活力。這個空間在不經意間孕育出使命的浪潮，看起來就像神的國度在城市裡釋放。這就是我對教會的夢想。

---

5. 見歷代志上／編年紀上25.
6. 編按：戴夫（Dave）為大衛（David）的暱稱。

但現代教會最隱密的祕密是：我們相信生產力，卻不相信禱告。我們相信扎實的課程、高於平均水平的教導，以及另一張敬拜專輯的發行。這就是成功，是吧？在我們這個時代，教會的地下無神論就是，我們為幾乎任何事情忙碌，除了禱告。

大衛令人瞠目結舌的第一個舉動，就是將禱告重新放在神子民的中心。這不是一個國王最令人敬佩的舉動，就是最荒唐的舉動，取決於你是傾向於詩人還是實用主義者，但大衛的非傳統國王統治，無論你如何衡量，都是以色列歷史上的政治高潮——城市的和平與安全、經濟的繁榮、對窮人的關懷、分裂國度的統一。大衛的優先順序從紙上看來是政治災難，但他將自己的生命完全建立在禱告上，而神就照顧了其他的一切。正如大衛．弗里奇（David Fritch）所寫的：「神的同在是大衛的政治策略。」[7]

從大衛的帳幕中出現的模式是：將教會的同在放在優先的位置，你就能在城市中得到國度。

祈禱之屋

「嘿，老兄，再來一杯蘇打水？」

我就在那家愛爾蘭酒吧裡，眼眶含淚。我聽著羅伯．托馬斯（Rob Thomas）的小夜曲，夢見了大衛的祈禱帳篷。我離開酒吧，在街上遊蕩，用阿摩司的話語祈禱：「主啊，求你在這裡興起大衛的帳幕。在我們的日子裡、在我們的城市裡，興起大衛的帳幕。」[8]

從那天晚上開始，我每個星期一晚上都會在布魯克林的街上

7. David Fritch, *Enthroned: Bringing God's Kingdom to Earth through Unceasing Worship and Prayer* (Orlando, FL: Burning Ones, 2017), 25.
8. 見阿摩司書 9:11.

漫步，用阿摩司的話語祈禱：「主啊，在我們的日子裡，求你這樣做。在這裡行。透過我們來做。在我的時代和地方興起大衛的帳幕。」

阿摩司預言的榮耀在於早期教會將它帶離書頁，帶入世界，它活現在羅馬地下室的祕密會議中。神的子民成立了以禱告為中心的社群，神的國度以如此深刻的方式滲透到城市中，世界從未以這種深刻的方式恢復。

阿摩司預言的悲劇在於大衛之後，下一代的政治顧問又回到董事會議和軍事策略上。當耶穌以凱旋的姿態重現大衛的戲劇性進城後，見證這一切的祭司們，那些能憑記憶背出大衛帳幕的人——他們不在羅馬的地下室裡。他們撿起硬幣放回收銀機，把每一隻鴿子放回籠子，收拾爛攤子。

我對教會有一個夢想。我們要再次成為禱告之家。我們沒有人想在與社會無關、靈命枯燥的與世隔絕中度過餘生。另一個選擇是什麼？徹底重訂禱告的優先次序。如果代價是愚蠢，算我一個。如果代價是犧牲，算我一個。如果代價是信心，算我一個。如果代價是毅力，算我一份。

對這種國度異象的贊同，看起來不像是咬牙切齒，更像是國王穿著祭司的內衣跳舞。它看起來不像把我們的鼻子放在磨刀石上，而更像耶穌在一頭只有祂一半重量的驢背上笑得合不攏嘴。它看起來不那麼耀眼，而更像喜樂。

致謝

這本書是我親手寫成的，但是書中的字句卻是許多人先寫在我心上的。

克絲汀，感謝你愛我愛到可以忍受我固執、荒謬地堅持要透過禱告與耶穌交通，來安排我的生命。漢克、西門和亞摩斯，我祈禱我禱告的天花板就是你們的地板。

感謝 24-7 禱告運動，特別是皮特．格雷格（Pete Greig），把我內心的渴望用語言表達出來，歡迎我加入這個群體。

這本雜亂無章的初稿，因著潔瑪．萊恩（Gemma Ryan）、賽門．莫利斯（Simon Morris）、威爾．湯瑪斯（Will Thomas）、約翰．馬克．寇默（John Mark Comer）、賈里德．博伊德（Jared Boyd）、提姆．麥基（Tim Mackie）、彼得．昆特（Peter Quint）、摩根．戴維斯（Morgan Davis）、倍瑟尼．艾倫（Bethany Allen）、傑拉德．葛里芬（Gerald Griffin）、蓋文．班尼特（Gavin Bennett）、布雷特．萊德（Brett Leyde）和格里．布雷謝爾斯（Gerry Breshears）耐心地編輯，才得以變得連貫有條理。

感謝布魯克林橡樹教會（Oaks Church Brooklyn）和布里奇頓教會（Bridgetown Church）在這本書寫成之前，聽取並豐富了這本書的內容。

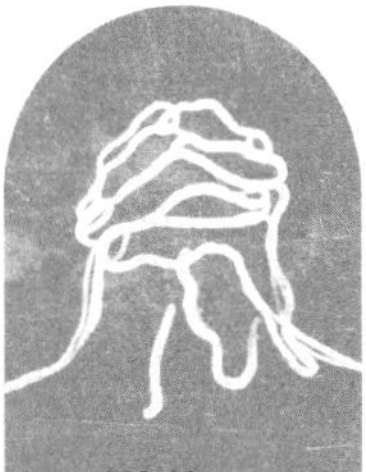

附錄一

基督的代求

凡靠著他進到　神面前的人、他都能拯救到底，
因為他是長遠活著、
替他們祈求。
希伯來書7:25

耶穌的降生伴隨著天使的配樂：「在至高之處榮耀歸與神、在地上平安歸與他所喜悅的人。」[1]這是一個政治宣言，靈感來自先知以賽亞的話，他說：「因有一嬰孩為我們而生、有一子賜給我們，政權必擔在他的肩頭上。」[2]沒錯，今天祂是一位柔順溫和的嬰孩。但別搞錯了，這位嬰孩來，是要掌權的。天和地都同意這一點。

有三十年的時間，他看來似乎無法達到預期效果。然後，在一次鴿子洗禮和一次顯然改變範式的四十天沙漠朝聖之旅後，他又出現了，大談特談。耶穌直接步入會堂，宣讀以賽亞所應許的

1. 路加福音2:14.
2. 以賽亞書9:6.

彌賽亞事工，以「今天這經應驗在你們耳中了」[3]來結束講道。

接下來的三十六個月令人驚訝。他勢不可擋。他把棄兒塑造成英雄。他贏得了所有反對建制的爭論。他把葬禮變成慶典，讓婚宴持續到日出，把街角變成猶太會堂。他在沒有告解室的情況下給予寬恕、在沒有醫療執照的情況下治病、在沒有正規教育的情況下教授大師課程。

他來到一個鄉村，使披頭四樂隊在全盛時期看起來只像是一個想成名的地方樂隊。當他來到耶路撒冷時，人群扯下樹枝，扯掉自己背上的襯衫，只為讓他的小馬不必在泥路上踏上一腳。「和散那！奉主名來的、是應當稱頌的。那將要來的我祖大衛之國、是應當稱頌的，高高在上和散那！」[4]又是一個政治聲明，這一次更為明確堅決。*和散那*是一個古老的猶太宣言，意思是「拯救！」他們用這個詞作為副歌，並用《詩篇》第 118 篇的字句填滿各節。換句話說：「就是這一位。來掌權的。來拯救的。神在這裡道成肉身，來到他的寶座上，一勞永逸。」耶穌三年前在猶太會堂所宣稱的已經實現了。

這也是一週後他被公開處決的原因。但他甚至成功地將釘十字架變成得勝的吶喊，這個呼喊比威廉．華萊士（William Wallace）騎馬、臉上塗著藍色面漆還要鼓舞人心：「成了！」[5]勝利的釘十字架？誰聽過這種事呢？然而耶穌的行動顯示，當羅馬士兵把十字架插在地上，並把他龐大的身軀放在上面時，就等於國王在敵人占領的領土上插上旗幟，為自己爭取土地。神收回創造。*一切都完成了！*（*It is finished!*）

---

3. 路加福音 4:21.
4. 馬可福音 11:9–10.
5. 約翰福音 19:30.

只是，一切似乎並沒有完成。事實上，在這得勝的呼喊之後的幾天和幾個星期裡，一切似乎都沒有改變。希律王（黑落德王）仍然占據著王位，像個腐敗的專制者一樣統治著。每條街道上仍然有羅馬士兵在巡邏，他們壓迫著百分之九十九的原住民。從中間被撕開的聖殿帷幕被重新縫上，祭司繼續限制某些人接近神。外面的街道仍然擠滿了窮困的乞丐，他們沒有屋簷可以遮蔽，受苦的病人沒有醫生可以治療。

在耶穌治癒一個瞎子的同一天，又有十個生來就瞎眼的人沒有復明。耶穌邀請一位妓女與他共進晚餐的當晚，就有一百位妓女被另外的骯髒的顧客剝削。他為一個稅吏平反的那天，卻有許多人剝削窮人的最後一分錢。而他死後的那一天看起來就像前一天一樣。

甚至他自己的門徒一開始似乎也不相信得勝，除非你對得勝遊行的想法是躲在上層的房間裡咬著指甲，害怕被人看見、被認出是同謀。

超越所有其他國度的王國在哪裡？地獄之門都無法勝過的國度在哪裡？那些拿著棕櫚葉的人所呼喊的壓迫者被推翻了嗎？

感覺尚未完成

基督徒的信仰是耶穌的死抵銷了罪的工價。祂的復活戰勝了死亡，不僅是為了祂自己，也是為了所有稱祂為主的人。耶穌的生、死、復活是一項長達三十三年的完整工作，在因罪而落在人類身上的沉重、令人窒息的毯子上打開了一個洞。這件事已經完成，任何人都可以因著恩典而得到它。

這是個美好的想法。問題是它往往停留在想法的領域。我們似乎無法把耶穌的故事從腦中帶到心中。我們唱著它、讀著它、聽著它，透過千百個隱喻被講述和複述。我們從麵包和葡萄酒中攝取它，恩典的感覺貫穿我們的味蕾。但我們似乎無法讓這個故事活現在我們的骨頭裡。我們似乎無法活得像個自由人，享受今天，就像它沒有世界的重擔一樣。

在我們的生命中，仍有令人煩惱的部分，我們假設自己仍有一些積極的角色要扮演，而拒絕接受恩典。我們深信我們必須克服、改變、成熟、成長。我們把恩典變成節食計畫，把耶穌變成卡路里計數器。祂是來鞭打我們的，但不要誤會，我們仍必須付出努力，才能達到預期的結果。我們的心渴求恩典，但思想卻抗拒它。我們似乎太軟弱，無法單純地接受。

耶穌在十字架上還說了一些話。我猜想他在得勝的呼喊之前，聲音顫抖地低聲說了一些話：「我的　神、我的　神、為甚麼離棄我？」[6]

這是一個我可以支持的禱告，一個我可以認同的禱告。「神，你在哪裡？」我曾在口中輕聲禱告，聲音都在顫抖，這樣的次數多到我無法計算。這些話不是耶穌的原話。祂借用《詩篇》，這本原始的讚美詩集，用大衛在《詩篇》第二十二篇的開篇來祈禱。不過，經文很小心地指出，耶穌不是用最初寫成時的希伯來文來禱告，而是用亞拉姆文來禱告。耶穌是用亞拉姆語來禱告的，也就是酒館和學校院子裡常用的語言：「*Eli, Eli, lema sabachthani*?（我的神！我的神！為什麼離棄我？）」根據新約學者理查德．鮑克漢姆（Richard Bauckham）的看法，耶穌用亞拉姆語禱告，是將《詩篇》個人化。[7]他不只是注意到自己似乎正在經歷大衛多年前所描述的某些事；他是在橫跨歷史

6. 馬太福音27:46.

哭泣——過去、現在和未來——祂的聲音從頭到尾迴盪著：「神啊，你在哪裡？」大衛在《詩篇》第二十二篇所祈禱的，也是我以前祈禱過很多次，而且一定會再祈禱的，在耶穌身上得到了集中和實現。

耶穌所成就的救贖，無論我相信多久、多熱切，無論我如何雄辯滔滔地記念它、重新想像它，似乎都沒有感覺被完成。而這個承認正是代求，也就是耶穌基督當前工作的起點。

如果不了解基督現在的禱告生活，我們的禱告生活是不完整的，因為禱告不是從我們開始，而是從耶穌開始。祂的禱告總是先於我們的禱告。

基督的代求

代求。這就是耶穌現在正在做的事，在祂第一次與第二次再來之間。

這個詞在古代和現代語言中都很奇怪。我們今天在一般的談話中不使用它，古希臘人也不使用。在聖經中，你只會在新約裡看到這個詞幾次而已。[8]英文 *intercede* 一詞翻譯自希臘文 *entynchano*，意思是「懇求、呼求、請願」。那麼，耶穌在向誰懇求、呼求、請願呢？父神。代表你，也代表我。

耶穌為你我禱告，祂是天父的天上資源與我們地上生活之間的橋梁。讓我說清楚。天父並不需要更多的說服力來擁抱我們成為祂的親人，而聖子對我們的關懷也不會比天父更深。這反映了

7. See Richard Bauckham, *Jesus and the God of Israel:* God Crucified *and Other Studies on the New Testament's Christology of Divine Identity* (Grand Rapids: Eerdmans, 2008), 255–56.
8. 使徒行傳 25:24; 羅馬書 8:27, 34; 11:2; 希伯來書 7:25.

三位一體、共通的神的奧祕。聖子極為熱切地盼望他的贖罪工作成為我們當前的經歷，而天父也深感喜樂，毫不猶豫地答應聖子的代求。

基督在天上的代求肯定了他在地上生命的充足，贖罪是完成我們救恩的工作，代求是把我們的救恩應用在當前的工作。換句通俗的話來說，耶穌在十字架上完成了救贖的工作，但祂在天上為你我的禱告，是將得勝的經驗應用在當下。

《新約》明確無誤地結合兩者。「誰能控告　神所揀選的人呢、有　神稱他們為義了。誰能定他們的罪呢？有基督耶穌已經死了、而且從死裡復活、現今在　神的右邊、也替我們祈求。」[9]

《羅馬書》第五章使用過去式來說稱義：「我們既因信稱義、就藉著我們的主耶穌基督、得與　神相和。」[10]過去的工作，完成了。

《歌羅西書／哥羅森書》第三章說榮耀是肯定的未來：「基督是我們的生命、他顯現的時候、你們也要與他一同顯現在榮耀裡。」[11]我們因他所做的事稱義（過去的工作），也因他將要做的事得榮耀（將來的工作）。

《希伯來書》第七章提到現在的代求：「他是長遠活著、替他們祈求。」[12]

代求是耶穌當下的行動，從兩端來看這個故事——過去完成的救恩工作和未來等待我們的榮耀。代求，儘可能簡單地說，就是耶穌為我們個人祈禱的形象。祂這樣做，將我們緊緊夾在寬恕

9. 羅馬書 8:33–34.
10. 羅馬書 5:1, emphasis added.
11. 歌羅西書 3:4, emphasis added.
12. 希伯來書 7:25, emphasis added.

與榮耀之間，讓我們在安全、盼望與喜樂的庇蔭下，得到內在的深度安息。

手足間的競爭

我是三個男孩中的中間一個，大的大我十八個月，小的小我十五個月，手足之爭在我們家是必然的。我的哥哥喬許和我都非常喜歡運動，而且他比我強很多。但到了我十二歲左右，我和哥哥在棒球上的情勢就開始轉變了。他還是比我大、比我強、比我快，但我在棒球上比他強。如果小弟弟第一次追上你——無論是在任何事情上——那都是挑起不安全感的時刻。

棒球的傳統之一，是投手每被三振出局，主隊就會在記分板上掛上*K*。[13]K在棒球記分簿上代表「三振出局」，這個傳統是在左外野看台上那些大口喝啤酒的球迷之間開始流行起來的。

在我十二歲那年，我是少棒隊的投手。喬許來看我的每一場比賽，並在柵欄上掛上*K*，以表示每一次三振出局。他會早早到場，從優惠攤上買一疊餐巾紙，拿出從家裡帶來的彩色筆，記錄每一次三振出局。他會用滲透五張餐巾紙的鮮豔顏色，紀錄三振出局的次數，然後他會把餐巾紙的四角纏繞在灰色鐵絲網上，像一個死忠球迷一樣，在滿是半信半疑的家長的三排看台上尖叫。

這與我們所熟悉的手足相爭正好相反。當我想到基督在天上的代求時，腦海中浮現的就是我在少棒比賽中看台上的哥哥。被告知你的兄弟支持你是一回事；但經歷到這種支持的形式——全聲的尖叫和塗滿彩色筆的紙巾，就像你在世界大賽第七場投球一

13. See Hannah Keyser, "Why Does 'K' Stand for 'Strikeout' in Baseball?," Mental Floss, October 25, 2016, www.mentalfloss.com /article/70019/why-does-k-stand-strikeout-baseball.

樣，那就是另一回事了。稱義是認識基督的心；代禱則是運用這個心。這是一種經驗。

代求是讓聖經中的傳聞在我們內心變得真實。聖經教導我們，神是慈愛的天父，他關心我日常平凡的生活，但基督的代求讓這一切成為我的真實感受。聖經說神是愛，祂心中深深的渴望只是要與我永遠在一起，但基督的代求使這對我來說成為真實。經文宣稱，神總是奔向我、迎接我，為我穿上皇袍，歡迎我回到我還不知道自己要離開的家，但耶穌的代求讓這一切對我來說變得真實。

代求意味著耶穌不是冷靜和矜持的。祂是熱情的、感興趣的、投入的、參與的。即使是現在，當你的眼睛看到這些字句時，耶穌正將十字架上完成的工作應用在你身上。祂以天父的愛澆灌你，向你保證你的寬恕，包紮你的傷口，為你的肺注入勇氣。代求就是這些。

儘管有公義這個偉大的真理，我所見過的每一個人，不論他們的信仰有多強，在他們生命中的某個角落，他們都堅持要自己處理；這其實透露出他們內心不相信耶穌的赦免足以為我們處理——一次又一次，不論要處理多少次。

丹恩·奧特倫德寫道：

> 神寬恕、救贖、復原的觸角，深入我們靈魂最黑暗的縫隙，那些我們最羞愧、最敗壞的地方。不僅如此：那些罪的縫隙，正是基督最愛我們的地方。祂的心願意走進那裡，祂的心被最強烈地吸引到那裡。祂完全認識我們，也完全拯救我們，因為祂的心全然向我們敞開。我們不能以犯罪的方式逃離祂溫柔的看顧⋯⋯。我們的罪一直到最深處，但祂的拯救

> 卻也是到最深處。祂的拯救總是超越我們的罪，因為祂總是活著為我們代求。[14]

《希伯來書》第七章第二十五節說：「〔耶穌〕能拯救到底」。英文的 *completely* 一詞翻譯自希臘文的 *panteles*，這個詞概括了「全面性、完全性、徹底完整」的意思。[15] 你只會在聖經中另一個地方看到這個詞——在《路加福音》13:11，耶穌醫治了一位已經被疾病困擾了十八年的女人。路加寫道，這位婦人彎著身，無法伸直*panteles*（「完全」）。《希伯來書》中的觀點是，耶穌不僅為你我開闢了一條路，讓我們可以蹣跚地走完一生，完好無損地走到終點；祂還為我們開闢了一條路，讓我們可以挺起腰來、跑、跳、跳舞，並在死亡面前開懷大笑！這——今天我們所能經歷的，是祂用生命為我們贏得的那宇宙的真理——就是祂在天上的代求，也就是耶穌的禱告。

認識

布倫南．曼寧在他的著作《阿爸的孩子》（*Abba's Child*）寫到，他在科羅拉多州的小木屋靜修了二十天。沒有任何事情可以分心，沒有任何事情可以期待，只有獨自一人在那二十天裡。

曼寧在酗酒到走投無路的時候遇到了神，並透過禱告走出了令人沮喪的毒癮。但那是很久以前的事了。在這次靜修的時候，他已經成為方濟會神父十八年。他是一位炙手可熱的演講者和著名作家。

---

14. Dane Ortlund, *Gentle and Lowly: The Heart of Christ for Sinners and Sufferers* (Wheaton, IL: Crossway, 2020), 83, 85.
15. See Ortlund, *Gentle and Lowly*, 82.

在公眾生活的活動中，曼寧是一位成功的靈修導師。雖然他獨自一人，心無旁騖，但是卻被靈性理論與實際經驗之間的差距所困擾：「我的頭和心之間的巨大分歧，一直持續到我的服事。十八年來，我一直在宣揚上帝熱切、無條件的愛，這個好消息——我的頭腦深信不疑，但我的心卻感受不到。我從來沒有感受到被愛。」[16]他對自己有錯誤的看法，首先是酗酒，其次是宗教。他曾經是浪子寓言中的弟弟，也曾經是哥哥，而現在，他獨自登山，沒有人可以成為他，也沒有人可以打動他，神邀請他脫離錯誤的自我，接受愛。

曼寧一直相信神的愛。他研究它、闡釋它、寫述它、談論它、向人提供諮詢。但當他摒棄所有的分心、活動和忙碌，在一座山上，沒有任何東西可以裝扮自己時，他才知道神的愛。

在英語中，我們通常將「信念」理解為比「知識」更深層、更個人化。知識是純知識性的，而信念是直覺層面的信念。知識是頭腦的語言；信念是心靈的語言。但這不是希伯來語對知識的理解。

認識的希伯來語是 *yada*，是一種關係性的認識。如果你問我，「你怎麼知道你太太愛你？」我會開始告訴你我們的關係是如何運作的。我會描述所有她用各種小小的方式選擇陪伴我，所有當我犯錯、迷失或困難時，她與我一起堅持的時刻，所有她成為我支持的磐石的場合，以及所有歡笑的夜晚、共享的晚餐和一起無所事事的回憶。這些是什麼？是關係知識。我經歷過她的愛。我就是這樣知道的。

---

16. Brennan Manning, *Abba's Child: The Cry of the Heart for Intimate Belonging* (1994; repr., Colorado Springs: NavPress, 2015), 9.

希伯來語 *yada* 甚至在《舊約聖經》中被用來委婉地表示性。「亞當認識了自己的妻子夏娃，夏娃就懷孕了」[17]之類的事情。那是因為在希伯來語裡，知識是親密的，不是在課堂上背誦的，而是在關係中體驗的。屬靈的知識是需要居住、經驗、生活的。

小說家兼牧師弗瑞德里克·布希納（Frederick Buechner）總結：「當然，我們需要知道的不只是神的存在，不只是在璀璨的星空之外有某種宇宙智慧在維持著整場演出，而是在我們日復一日的生活中就有一位神……。我們要的不是神存在的客觀證明，而是神同在的經驗。這才是我們真正追求的奇蹟，我認為這也是我們真正得到的奇蹟。」[18]

只相信神接受我們的愛是不夠的。我們必須讓上帝按著我們真實的樣子來愛我們，赤裸而無羞。[19]藉著基督的代求，神的愛滲入我們內心世界的每一個縫隙，而聖靈打開我們的眼睛，讓我們發現自己的真實面貌——在神的愛的注視中。

基督的面容

我幾乎沒有睡，但我很清醒。當我想起自己身在何處時，我的眼睛在房間裡轉來轉去了一兩下。前一晚我飛越美國，租了一輛車，開到修道院，這是我與兩位好友禱告靜修的目的地。我在開車時幾乎睡著，但我還是成功抵達了。當時是早上六點，我只睡了五小時，身體還沒有適應新的時區。

---

17. 創世記4:1 ESV.

18. Frederick Buechner, *Secrets in the Dark: A Life in Sermons* (San Francisco: HarperSanFrancisco, 2006), 18–19.

19. 見創世記2:25.

當第一縷陽光勾勒出覆蓋遠方山丘的常青樹輪廓時，我在浴室的洗臉盆邊往臉上潑了潑水，然後走出房間去拿一杯咖啡。我習慣比任何人都早醒。我喜歡早晨。我喜歡呼吸第一口清冽涼爽的空氣時，肺部所受到的震撼；第一口熱咖啡的味道；以及每一天的第一句禱告。但是今天，我遠遠不是一個人。事實上，我可能是最後起床的人。

我周圍都是僧侶，有老的也有年輕的。有些僧侶的年紀肯定超過了九十歲，而有些僧侶的年紀可能還不到二十五歲——他們都堅持一種古老而簡單的生活方式。他們保存了一種社區、好客和祈禱的方式，這種方式大多數已被現代世界所遺忘。他們不是在圖書館的書架上保存這種方式，而是在他們充滿活力的生活中保存這種方式。

東正教主教卡利斯托斯·瓦瑞（Kallistos Ware）寫道：「基督教不只是哲學理論或道德規範，而是直接分享神的生命與榮耀，是與上帝『面對面』的轉化合一。」[20]

不同傳統的僧侶在祈禱時都要想像耶穌的面容。這是一個錨，一個他們的祈禱總是要回到的地方。我們帶著我們的要求來，但我們真正尋求的是祂。我們想要面對面看見祂。在基督的臉上，我們發現了神的好客。最大的震驚是耶穌把禱告帶得太近，使神太容易接近。禱告不是因為知道我們的需要，而是因為知道神的心。

20. Kallistos Ware, "The Eastern Tradition from the Tenth to the Twentieth Century," in *The Study of Spirituality*, ed. Cheslyn Jones, Geoffrey Wainwright, and Edward Yarnold (New York: Oxford University Press, 1986), 254.

完成了

如前所述，耶穌在十字架上令人心碎的禱告：「我的　神、我的　神、為甚麼離棄我⋯⋯」正是《詩篇》第二十二篇的第一句。耶穌在以猶太人為主的人群面前背誦大衛的《詩篇》。人群中的每個人從小就會背誦這篇禱文，他們都背得很熟。耶穌祈禱了第一句，這就是他所需要做的。人群中的每一個人都知道禱告的結尾。《詩篇》第二十二篇以令人感到無力的孤獨和情緒動蕩的表達開場。這是開始的地方，但不是結束的地方。

因為他沒有藐視憎惡受苦的人，
　　也沒有向他掩面，
那受苦之人呼籲的時候、
　　他就垂聽。

我在大會中讚美你的話、是從你而來的，
　　我要在敬畏耶和華的人面前還我的願。
（詩篇 22:24-25）

它不是在絕望中結束，而是在興奮中結束；不是在孤立中結束，而是在群體中結束。當耶穌在十字架上禱告《詩篇》二十二篇時，祂是在代替我們所有人禱告。祂在代求。

祂贖罪工作的現實是永恆不變的，但這工作的經歷往往是時好時壞，有時突破、有時枯乾，有時充滿神的確據，接著又陷入人的不安。正因如此，耶穌現在正在為你禱告。

我最常做的祈禱之一，就是嘗試接觸祂為我所做的祈禱。我通常會用一個問題來表達：「耶穌，如果祢現在走進這個房間，祢想對我說什麼？」問祂。靜默等候。根據我的經驗，祂很渴望分享祂的心。

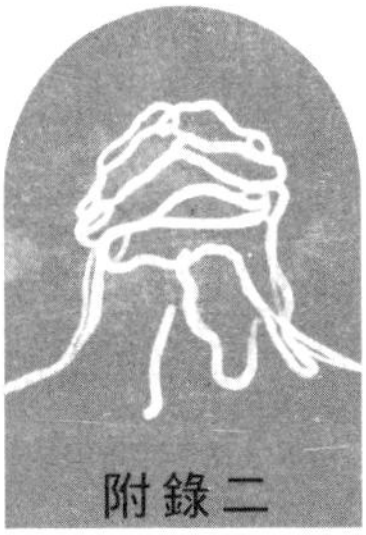

鑒察與命名的類別

古人在四個類別中實行懺悔。這四個類別可以幫助你在聖靈的引導下，將它們記在心裡，作為鑒察自己內在生命的網格。

1. **明目張膽（Blatant）**。這些是世俗文化和神的國度普遍認可的罪。明顯的例子有謀殺或對無辜的人使用任何其他形式的暴力、以危害他人或使他人不舒服的方式來滿足情欲、以「憤怒」為標題來表達生氣、貪圖物質利益而積極壓迫受害的一方等。

2. **故意（Deliberate）**。這些是神的國度所認定的罪（通常是外在的、行為上的罪），但在更廣泛的世俗文化中卻不被認定。例如，想想早期教會時代獻祭給偶像的祭物，以及現代教會時代對健康的性的表達的界限。

3. **無意識的（Unconscious）**。無意識的罪是更深層的思想模式，會產生或導致表達出來的罪。這些罪的模式通常隱藏在表層之下，如果沒有刻意自我檢驗的空間，是不會被看見的。例子包括（但不限於）將效率或生產力看得比人更重要的傾向；以成功、成就或名聲來界定自己的傾向；或是活在和某個人或某個群體之間，一種依賴關係狀態的傾向。

4. 內在取向（Inner Orientations）。最深層、最隱晦的罪是關於失序的信任結構。問自己這個問題：*我到底在信任誰？*行為會毫不費力地從那裡流出來（而且往往是破壞性的行為）。傳統上，這些信任結構被稱為「假我」。當我們開始注意到我們為了鞏固自己的重要性、幸福感和安全感而自我製造的信任結構時，我們就會開始注意到我們所挑選來掩飾的特殊「無花果葉」。

這是本好書

Great Books

一起分享帶來更多美好！

幫助其他讀者發現這本書

- 在喜愛的網路書店留下評論
- 在社群媒體上分享照片，說說為什麼喜歡這本書
- 發個訊息給可能也會喜歡這本書的朋友——或者更棒的是，送他們一本！

Thanks for reading!

國家圖書館出版品預行編目資料

禱告若愚：祈求、尋找、叩門，規律而單純的與神同行 / 泰勒.史塔頓(Tyler Staton)作；蔡怡佳譯. -- 初版. -- 臺北市：啟示出版：英屬蓋曼群島商家庭傳媒股份有限公司城邦分公司發行, 2025.06
面； 公分. -- (Soul系列；70)

譯自：Praying like monks, living like fools : an invitation to the wonder and mystery of prayer.

ISBN 978-626-7257-86-9 (平裝)

1.CST: 基督教 2.CST: 祈禱

244.3 114006381

線上版讀者回函卡

Soul系列070

禱告若愚：祈求、尋找、叩門，規律而單純的與神同行

作　　者／泰勒・史塔頓（Tyler Staton）
譯　　者／蔡怡佳
企畫選書人／彭之琬
總 編 輯／彭之琬
責 任 編 輯／白亞平

版　　權／江欣瑜
行 銷 業 務／周佳葳
事業群總經理／黃淑貞
發 行 人／何飛鵬
法 律 顧 問／元禾法律事務所王子文律師
出　　版／啟示出版
台北市南港區昆陽街 16 號 4 樓
電話：(02) 25007008　傳真：(02)25007759
E-mail:bwp.service@cite.com.tw
發　　行／英屬蓋曼群島商家庭傳媒股份有限公司城邦分公司
台北市南港區昆陽街 16 號 8 樓
書虫客服服務專線：02-25007718；25007719
服務時間：週一至週五上午09:30-12:00；下午13:30-17:00
24小時傳真專線：02-25001990；25001991
劃撥帳號：19863813；戶名：書虫股份有限公司
讀者服務信箱：service@readingclub.com.tw
城邦讀書花園：www.cite.com.tw
香港發行所／城邦（香港）出版集團有限公司
香港九龍土瓜灣土瓜灣道86號順聯工業大廈6樓A室
電話：(852)25086231　傳真：(852)25789337　E-MAIL：hkcite@biznetvigator.com
馬新發行所／城邦（馬新）出版集團【Cite (M) Sdn Bhd】
41, Jalan Radin Anum, Bandar Baru Sri Petaling, 57000 Kuala Lumpur, Malaysia.
電話：(603) 90578822 傳真：(603) 90576622
Email: cite@cite.com.my

封 面 設 計／王舒玗
排　　版／芯澤有限公司
印　　刷／韋懋實業有限公司

■2025 年 6 月12 日初版
定價420元

Printed in Taiwan

城邦讀書花園
www.cite.com.tw

 ISBN 978-626-7257-86-9

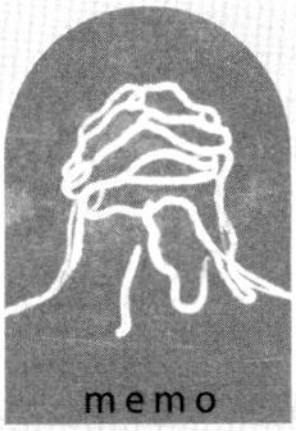
memo

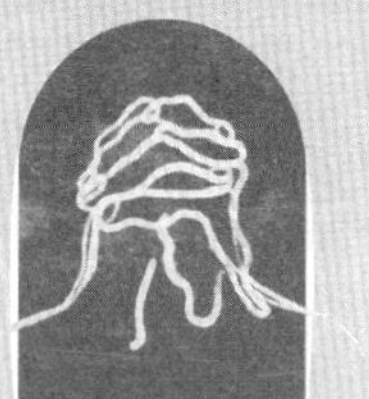

memo

memo

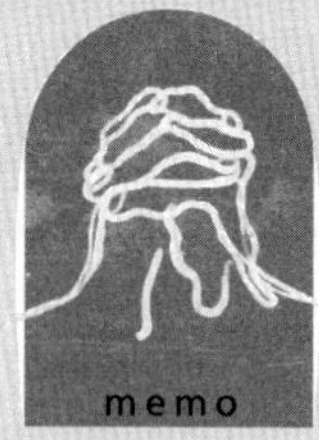
memo